포스트 휴먼과 SF

누구와 어떻게 접속할 것인가?

NANAM
나남출판

포스텍 융합문명연구원
문명과 담론 총서 02

포스트 휴먼과 SF
누구와 어떻게 접속할 것인가?

2021년 2월 28일 발행
2021년 2월 28일 1쇄

지은이   최병구
발행자   조완희
발행처   나남출판사
주소   10881 경기도 파주시 회동길 193, 4층(문발동)
전화   (031) 955-4601 (代)
FAX   (031) 955-4555
등록   제 406-2020-000055호 (2020.5.15)
홈페이지   http://www.nanam.net
전자우편   post@nanam.net

ISBN 979-11-971279-9-1
ISBN 979-11-971279-3-9 (세트)

포스텍 융합문명연구원 **문명과 담론** 총서 02

포스트 휴먼과 SF

누구와 어떻게 접속할 것인가?

최병구 지음

NANAM
나남출판

The Posthuman and SF

Who and how will you contact?

by

Choi Byoung Goo

NANAM

머리말

2020년 1월, 그 누구도 예상하지 못한 코로나19가 지구를 덮쳤다. 그리고 이 책의 머리말을 쓰고 있는 2021년 2월, 전 세계적인 3차 대유행이 한참 진행 중이지만, 백신 공급 소식이 들려오면서 코로나 종식에 대한 기대감이 높아지고 있다. 힘든 일상이 지속되는 가운데, 터널의 출구가 보인다는 희망이 교차하는 시기이다.

지난 1년 동안 우리의 일상은 큰 변화를 겪어야만 했다. 우리의 과거를 반성하고 성찰하는 글도 여럿 제출되었다. 그 요지는 대략 자본주의가 파괴한 환경과 시장경제가 뒤바꾼 인간의 몸과 마음에 대한 인식과 비판으로 요약할 수 있다. 그런

데 근대 문명사회가 자연환경을 지배의 대상으로 여기며 발전한 것과 성장 중심의 시장경제가 인간을 자본에 종속시킨 것에 대한 경고는 최근까지도 수없이 이루어졌다. 불과 6년 전에도, 세월호 참사를 겪으며 우리는 자본주의 국가 체제에서 시민의식을 상실한 자기를 반성했다. 하지만 우리는 언제나 그렇듯 생활을 이유로 무관심해졌고, 세월호 사건은 곧 잊었다. 그러니까 정확히 말해서 그간 수없이 이루어진 경고가 코로나19를 겪으며 나의 신체에 직접적인 제약이 가해지자 새삼 다시 눈에 들어온 것이다. 코로나19 이후, 우리는 진짜 변할 수 있을까? 지켜볼 일이지만, 과거를 돌이켜 볼 때 긍정적인 답을 내리기 어려울 것이다.

어쩌면 문제는 반성과 성찰이 아니라 쉽게 바뀌지 못하는 우리의 몸과 마음일지 모른다. 그렇다면 질문을 바꿔야 하지 않을까? '어떻게 변할 수 있을까'에서 '왜 우리는 쉽게 바뀌지 않을까?'로 말이다. 우리는 지금-현재 사회의 문화가 어딘가 잘못되었다는 것에 공감한다. 다만 그 잘못되었다는 인식과 행동 사이에 괴리가 생기고 더 나아가서는 잘못되었다는 인식조차 기억하지 못하는 습성이 문제이다.

이 글은 우리가 알고 있는 올바름과 행동 사이의 괴리, 혹은 올바름을 잊어버리는 이유를 찾고자 한 결과이다. 2011년 〈경향신문〉 특집기사에서 처음 생겨난 신조어가 '삼포세대'이다. 취업과 내 집 마련의 어려움을 토로하며 연애, 결혼, 출산을 포기한 세대의 탄생을 포착한 것이다. 그리고 2021년 현재, 대한민국의 가장 뜨거운 화두가 바로 '집'이다. 폭등하는 아파트 가격을 목격하며 누군가는 투자자 주체로 재빠르게 탈바꿈했고, 또 누군가는 하염없이 올라가는 아파트 가격을 멍하니 쳐다볼 수밖에 없었다. 결혼을 하지 않고 아이를 낳지 않는 문화가 20~30대에 자리 잡은 지는 오래되었다.

무엇인가 이상하지 않은가? 지난 10년 동안 출산율을 높이고 아파트 가격을 잡기 위해 정부가 쏟아 부은 돈과 노력이 엄청난데, 왜 상황은 오히려 더 악화된 것일까? 두 가지 가정이 가능하다. 하나는 정부의 무능이다. 지난 10년, 진보 정권과 보수 정권이 번갈아 나라를 통치했으니, 무능은 좌·우를 가리지 않고 공통된 현상일 것이다. 하지만 최고의 엘리트만 모인 정부의 관료가 무능하다는 것은 상식적으로 납득이 되지 않는다. 두 번째는 정부의 정책이 대중들에게 반영되지 않을 정도로 우리들의 (무)의식이 고정되었을 가능성이다. 더 이상 자본을 좇는 삶을 부끄럽거나 부도덕하다고 생각하지 않는다는 것이다. 오히려 이것은 '생존'을 위한 필요조건으로 올바른 선택이 된다.

이 두 가지는 상당 부분 겹쳐 있는 것 같다. 얼마 전 벌어진 의사 파업 사태가 보여 준 것처럼 우리 사회의 엘리트는 철저하게 자본주의 체제의 논리에 의해 키워진 존재다. 2019년 초 방영되어 큰 인기를 모은 드라마 〈스카이 캐슬〉의 의대 입시가 상징적으로 보여 준 것처럼 '명문대'는 타인이 범접하기 어려운 거대한 성의 주춧돌이다. 그리고 그 성 안에 들어가지 못한 보통의 사람들은 그 너머를 욕망하면서 일상을 살아간다. 이 과정에서 드러나는 인간의 욕망, 그것이 우리가 살아가는 사회의 진실을 만들어 낸다. '승자독식'의 논리를 깊게 체득한 사람들의 세상에서 승리한 엘리트들의 인식도 별반 다르지 않을 것이다. 우리의 이런 습성은 지난 10년간 정치, 경제, 교육, 사회문화 등 다양한 영역이 복잡하게 얽혀 형성된 것이기 때문에 이로부터의 예외는 없다고 할 수 있다. 이를 어떻게 끊어낼 수 있을까?

우리가 10년 전부터 문제를 인지했음에도 여전히 해결하지 못한 이유는 개인의 내면과 사회제도가 상호작용한 결과이다. 그간 우리는 문제를 개인 혹은 사회, 어느 한쪽으로 수렴시켰다. 개인의 문제로 수렴되면 더 많은 노력을 하라는 명제로 귀결되고, 사회의 문제로 수렴되면 불평등한 사회제도의 개선을 촉구한다. 하지만 이러한 이분법적 현실인식으로는 지금까지의 역사가 증명하듯 문제를 해결할 수 없다.

중요한 것은 개인의 내면과 사회제도가 접촉하는 방식이다. 시스템은 오랜 기간 다양한 주체 사이에 힘의 논리가 작용하여 구축된다. 가령, 현재 대학이라는 제도는 해방 이후 역사적 변곡점마다 이루어진 정부 정책과 학벌에 대한 대중의 욕망이 중첩된 결과이다. 1990년대까지 가능했던 '흙수저'의 서울대 입학이 2021년 현재 불가능한 것은 부모의 경제력이 자녀들의 교육 격차를 만들기 때문이다. 한마디로 대한민국의 교육은 경제와 사회문화 등 다양한 분야와 중첩되어 있다. 실물경제와 자산가치의 불균형이 날로 심화되는 코로나19 국면에서 세계 경제가 확인시켜 주듯, 오늘날의 빈부격차는 그간의 시스템이 낳은 결과임을 부정하기 어렵다. 상황이 이러니 개인의 노력으로 해결할 수 없는 것은 당연한 것이다. 또 개인의 욕망을 먹고 자란 시스템에 익숙한 사람들이 많은 상황에서 제도의 변화란 요원한 일이다.

이 지점에서 지난 30여 년의 시간 동안 우리 사회의 과학기술이 급격히 발전했다는 사실을 기억할 필요가 있다. 2007년 아이폰iPhone이 처음 등장하고 불과 10여 년 만에 스마트폰은 우리 사회에 커다란 변화를 일으켰다. 그 변화의 핵심은 정치·경제·사회문화 등 삶의 다양한 요소들의 경계가 사라져 버렸다는 점이다.

우리는 이 경계가 점차 사라져서 경제로 통합되는 모습을 쉽게 발견할 수 있다. 코로나19 국면에서 '서학개미', '동학개미'라는 신조어가 탄생했다. 주식을 권하는 문화가 형성되고 언제 어디서든 쉽게 주식을 사고팔 수 있다. 스마트폰과 유튜브YouTube가 없었다면 불가능했을 일이다. 정치권도 동학개미의 눈치를 보다가 대주주 한도 상향을 폐지하였다. 이렇게 볼 때 개인의 내면과 사회제도는 테크놀로지를 매개로 만나고 있다고 할 수 있다.

이 책은 테크놀로지, 젠더, 노동을 열쇠 말 삼고, SFScience Fiction소설을 통과하며 이러한 상황을 진단하고 가능한 미래를 가늠하고자 했다. 이매뉴얼 월러스틴Immanuel Wallerstein이 '역사적 자본주의'라고 명명한 근대 자본주의 체제를 구성한 항목이 과학과 인종·젠더 차별주의이다. 근대 과학이 진보라는 이름으로 사회를 발전시키는 과정에서 인종과 젠더에 따른 서열화가 구축되었다. 오로지 자본증식을 위한 것이었지만, 그러한 방향은 과학의 합리성이라는 이름으로 지금까지 우리가 맹목적으로 따르는 이념이기도 하다. 포스트 휴먼Post-human에 대한 논의가 학계에서 유행한 지는 제법 되었지만, 포스트 코로나19 시대에 인간은 어떻게 변화해야 할까라는 질문은 절박하다. 코로나19 정국에서 근대 시스템 전반의 위기가 분명하게 드러났기 때문이다. 포스트 휴먼, 다시 말해 포스트 코로나19 시대의 인간은 어떤 공동체를 꿈꿔야 할까? 나의 삶이 아니라 우리의 자식 세대를 위해 반드시 묻고 답해야 하는 질문이다. 궁극적으로 이 책은 이 물음에 미약하게나마 답하고자 했다.

이 책은 포스텍 융합문명연구원의 지원으로 만들어졌다. 연구를 지원해 주신 융합문명연구원의 송호근 원장님과 김철식 교수님, 세심한 배려로 포스텍 생활에 많은 도움을 주신 김민정 선생님께 감사드린다. 비록 포스텍에서 머문 시간은 1년이었지만, 융합문명연구원, 소통과공론연구소에서 공부하며 과학기술이란 프리즘으로 세상을 보는 시각을 배울 수 있었다. 이 책에서 다룬 거의 모든 작품을 소개해 주고 테크노컬처Techno Culture에 대한 선구적 연구로 늘 많은 자극을 주는 임태훈 형께도 고마움을 전한다.

2021년 2월

최 병 구

포스트 휴먼과 SF

누구와 어떻게 접속할 것인가?

1장

'포스트 휴먼' 시대 어떻게 살 것인가?

저항이 가능해지려면, 사람은 현재보다 더 나은 무언가가
가능하다는 인식을 먼저 해야만 한다. ─ 존 발리, 〈잔상〉 中

2020년: '코로나19' 이후의 삶

2020년의 시작과 함께 우리는 이제껏 한 번도 경험한 적 없는
삶을 살고 있다. 2019년 12월 중국에서 처음 발생한 코로나
19는 2020년 1월 우리나라에 상륙한 뒤 전국적으로 퍼져 나
갔다. '사회적 거리 두기'로 학교가 문을 열지 않고 온라인 개
학을 했으며, 재택근무가 권장되고 사람들은 저녁 약속을 잡
지 않았다. 코로나19로 인한 경제 충격이 IMF 수준을 넘어선
다는 보도가 나오기도 했다. 항공업, 여행업, 숙박업 등은 직
격탄을 맞아서 휴직, 실업, 폐업 사태가 속출했고, 그밖에 업

종도 커다란 피해를 입었다. 정부에서는 전례 없는 보상책을 마련해야만 했다.

코로나19 사태는 언제가 종식될 것이다. '언젠가'라는 요원한 시점으로 인해 사람들은 고통을 호소하지만, 종식될 것이다. 그리고 그 후의 세계는 과거와 다를 것이다. 아니, 꼭 달라야 한다. 실천을 동반하지 못한 단호함이 대부분 자기 위안에 불과하다는 사실을 잘 알고 있지만, 코로나19 사태 이후 우리는 변화해야 한다. 무엇을, 어떻게 변화시켜야 할까?

이미 코로나19 사태 이전으로 돌아갈 수 없다는 예측과 이후의 변화에 대한 여러 가지 견해가 제출되었다. 특히 바이러스의 공격으로 인해 비대면 활동이 강화되면서 관련 산업이 성장하고, 국가의 시장 개입이 강화되는 큰 정부로 돌아갈 것이라는 예상이 설득력을 얻고 있다. 2020년 5월 문재인 대통령은 취임 3주년 기념 연설에서 인공지능, 빅데이터 등 4차 산업혁명 기술을 거론하고, 시스템반도체, 바이오헬스, 미래차 분야를 3대 신성장 산업으로 언급했다. 코로나19 정국에서 4차 산업혁명 시대를 이끌어 갈 산업의 빠른 성장과 이를 위한 기술 개발의 필요성을 강조한 것이다. 하지만 이런 인식은 경제와 산업 부문에 한정된다. 코로나19 사태를 계기로 급변하는 산업 생태계에 대응하기 위한 전략을 마련하는 것도 중요하지만, 근본적인 변화의 지점을 숙고해야 한다.

우리는 코로나19 사태를 근대 기술과 인간의 관계를 근본적으로 성찰하는 계기로 삼아야 한다. 지금까지 그래 왔듯 위기를 돌파할 계기로 산업과 기술에 주목할 것이 아니라 양자의 관계 자체를 전면적으로 재검토해야 한다. 가령 수소·전기차 개발의 문제의식이 기술과 자연의 관계 재설정에 있다는 사실을 명확히 인식해야 한다. 그렇지 않고 과학기술을 경제와 연결하는 사고가 변하지 않으면 결국 바뀌는 것은 아무것도 없다. 과학기술의 성장을 지원하되 그 목적을 '다른 곳'에 둘 필요가 있다는 말이다.

SF로 읽는 테크놀로지와 인간

이러한 목적을 달성하기 위해 이 책은 SF를 경유한다. 오해를 막기 위해 미리 말하자면, 이 책은 SF에 대한 본격 비평서가 아니라 '포스트 휴먼' 되기의 방법론을 SF를 매개로 이야기하려는 것이다.

과학기술은 인간의 미래를 결정한다. 따지고 보면, 과학기술은 언제나 인간의 미래를 좌우했다. SF는 과학기술에 의해 뒤바뀔 미래에 대해 오래전부터 이야기해 왔다. 그럼에도 최근 들어 SF문학이 한국문학의 중요한 장르로 부상한 이유는, 그만큼 과학기술이 대중의 (무)의식을 장악하며 일상에 깊게 침투했기 때문이다.[1] "신념의 문학으로서 SF는 심미적 양식이라기보다는 사회적 힘과 문화적 의미라는 어려운 문제 틀을 다루기 위한 해석적 틀에 가깝다."(Vint, 2019: 197) 과학기술의 발전으로 생겨나는 다양한 현상들을 이해하고 설명할 수 있는 인식력을 얻기 위해 SF를 읽을 필요가 있다. 우리는 정보통신기술이나 생명과학과 같은 어려운 기술은 알지 못하지만, SF를 통해 그런 기술이 삶에 깊숙이 자리한 미래 사회를 상상할 수 있다.

---

[1] 알라딘 서점이 출판사의 한국문학 담당 편집자, 현역 시인, 소설가 등 72명을 대상으로 한 설문에 따르면 2020년대를 대표할 작가 3명 중 한 명이 SF 작가 김초엽이다. 김초엽은 2019 오늘의 작가상, 2020 젊은 작가상을 연이어 받으며 문학계의 스타로 떠올랐다. 한국문학 연구에서도 최근 SF작품에 대한 논의가 활발하게 이루어지고 있다. 작가 사후에야 연구를 했던 지난 풍토를 생각해 보면, SF에 대한 학계의 관심이 어느 정도인지 짐작해 볼 수 있다.

퀑탱 메이야수는 《형이상학과 과학 밖 소설》(이학사, 2017)에서 과학소설과 과학 밖 소설을 구분한다. 그에 따르면 과학소설은 미래를 과학적 인식의 연장에서 바라보는 것이고, 과학 밖 소설은 실험과학 바깥의 세계를 지향하는 것이다. 그래서 과학 밖 소설의 질문은, "세계가 과학적 지식의 권리상 접근 불가능한 것이 되려면, 세계가 자연과학의 대상들로 건설될 수 없는 것이 되려면, 이 세계는 무엇이어야 하는가, 이 세계는 무엇과 닮아야 할 것인가?"(Meillassoux, 2017: 12) 와 같은 것이다. 합리성을 무기로 한 과학으로 수렴되지 않는 과학의 필요성을 피력한 것이다.

이러한 질문은 과학의 인식론과 존재론의 경계에 대해 사유하게 만든다. 과학의 인식론은 대상을 규정하고 평가하는 방식과 연결된다. 이성의 논리에 따른 문명사회의 인식력과 이를 뒷받침한 우열의 법칙 등이 여기에 해당한다. 과학의 존재론은 과학이 정치, 경제, 사회, 문화 등과 어떻게 융합되어 존재했는지를 사고하는 것이다. 과학이 당대의 정치나 경제적 상황과 어떻게 융합되어 어떤 문화적 현상을 만드는지가 주된 관심사다. 과학의 인식론이 인간의 시각에서 자연 정복의 도구로 과학을 이용하는 것이라면, 과학의 존재론은 과학이 다른 영역과 결합하는 방식을 질문하고 성찰한다. SF는 과학의 인식론과 존재론을 오가며 어떤 미래가 올 것인지에 대한 사고실험이 이루어지는 텍스트이다. 굳이 말하자면 과학의 인식론이 갖는 위기를 징후적으로 보여 주며, 과학의 존재론을 새롭게 구축하려는 텍스트가 SF이다.

이런 맥락에서 〈블레이드 러너〉(1982)와 후속편 〈블레이드 러너 2049〉(2017)는 흥미로운 논점을 던져 준다. 전작이 배경으로 하고 있는 2019년은 이미 과거가 되었고, 후속작은 다시 30년 뒤인 2049년을 배경으로 한다. 우리는 지금 전작의 배경인 2019년을 막 지나서, 후속작의 배경인 2049년으로 출발했다. 앞으로 30년 동안 우리 사회는 어떻게 변하게 될까?

〈블레이드 러너〉 시리즈에서는 이 시간 동안 크게 두 가지 변화가 생겼다. 첫 번째는 빈부격차와 자본의 문제이다. 2019년을 배경으로 한 〈블레이드 러너〉는 부자들이 모두 우주로 떠난 지구에서 복제인간과 그들을 잡기 위한 경찰의 싸움을 다룬다. 복제인간은 부자들을 위해 만들어진 상품이었다. 1982년의 시점에서 영화가 그린 2019년 지구는 자본이 빈부격차를 더욱 심화하고, 가난한 사람만 남아서 황폐한 분위기를 뿜어낼 뿐이다. 〈블레이드 러너 2049〉에서는 지구의 생태계가 완전히 무너지고 거대기업이 정치, 경제, 사회문화 등 삶의 전 분야를 장악했다. 전작에서 복제인간을 생산하던 타이렐 사를 인수한 월리스 코퍼레이션Wallace Corporation은 유전자 공학을 이용한 식량 특허로 기아 문제를 해결하였지만, 리플리컨트 K와 만인의 연인 홀로그램 조이를 생산하며 지구의 인간을 장악하고 있다. 지구에서 거대기업의 지배력은 전작보다 훨씬 더 강해졌다.

두 번째는 인간과 비인간의 경계 문제이다. 〈블레이드 러너 2049〉에서는 테크놀로지의 발달로 복제인간과 홀로그램이 감정을 가지고 인간과 사랑을 나눈다. 복제인간과 인간 사이에서 출생한 주인공 K의 존재, 대정전으로 복제인간의 데이터 대부분이 삭제되고 4년으로 한정된 복제인간의 수명 제한도 사라진 사실이 확인시켜 주듯, 30년의 시간 동안 인간과 비인간의 경계는 사실상 사라졌다. 아니 정확히 말해 인간은 육체와 정신, 모든 면에서 비인간의 적수가 되지 못한다.

앞으로 우리에게 펼쳐질 30년은 '블레이드 러너의 시간'과 얼마나 비슷할까? 어느 순간 우리의 일상이 되어 버린 미세먼지로 인해 〈블레이드 러너 2049〉에서 잿빛 하늘에 쌓인 도시

〈그림 1-1〉〈블레이드 러너 2049〉에 등장하는 'Coca-Cola' 광고

의 모습은 우리에게 더 이상 생소하지 않다. 〈그림 1-1〉에서
보듯 영화 속 암울한 도시의 풍경에서 유독 도드라지는
'Coca-Cola' 붉은색 광고판은 자본이 인간의 가치보다 우선
하는 삶의 규칙을 상기시킨다. 그 속에서 가난한 인간은 가장
약하고 보잘것없는 존재로 부각되고, 이로부터 현실 속 코로
나19 사태에서 확인된 빈부의 격차를 읽어 내는 것이 과잉 해
석만은 아닐 것이다. 한편, 〈블레이드 러너〉 시리즈가 던진
두 번째 논점은 포스트 휴먼의 본질과 직접 연관된다는 점에
서 조금 더 구체적으로 살펴볼 필요가 있다.

포스트 휴먼은 어떤 존재인가?

2019년과 2049년을 배경으로 한 두 편의 〈블레이드 러너〉사이의 시간은 실제 삶에서는 '코로나19'라는 전염병과 함께 시작되었다. 두 편의 〈블레이드 러너〉가 경고하는 양극화와 거대자본의 위험성이 이번 사태를 통해 가시화되었다.2 이 문제를 해결하고 새로운 미래를 만드는 것이 포스트 휴먼의 과제이다.

그렇다면 포스트 휴먼은 구체적으로 어떤 존재인가? 일반적으로 포스트 휴먼은 테크놀로지의 발달로 근대 인간의 신체적·지적 한계를 뛰어넘은 존재를 의미한다. 생명공학기술의

---

2 코로나19 사태 이후 실물경제와 자산가치의 모순을 사례로 들 수 있겠다. 이번 사태를 통해 실직, 폐업 등의 이유로 일자리를 잃은 사람이 급증하고 있지만, 부동산과 주식 같은 자산가치는 급등하고 있다. 한마디로 자본이 있는 사람은 쉽게 자산을 불릴 수 있지만 그렇지 못한 사람은 더욱 가난해지게 되는 것이다. 물론 이 현상은 갑자기 생겨난 것이 아니라 신자유주의 체제가 공고화되는 과정에서 형성된 사회적 가치체계가 수면 위로 드러난 것에 불과하다. 이런 체계와 단절하고 새로운 미래를 만드는 것이 코로나19 사태 이후 인간의 중요한 과업 중 하나이다. 그렇지 못할 때, 부자들은 우주로 떠나고 가난한 사람만 지구에 남게 된다는 〈블레이드 러너〉의 설정이 허황된 상상만은 아닐 것이다.

발달로 성형수술이 일반화되고, 인공수정을 통한 임신이 가능해진 현실이 보여 주는 것처럼, 우리 인간은 테크놀로지의 도움으로 과거의 한계를 뛰어넘는 새로운 삶과 문화를 만들어 냈다. 하지만 이런 정의는 과학을 무기로 인간의 권위를 강화했던 근대적 사고의 연장이라는 점에서 가장 경계해야 하는 대상이다.

새로운 미래를 맞이하는 존재로서 포스트 휴먼은 기계를 사용하여 자연을 정복해 왔던 인간의 존재 방식과 과감하게 결별해야 한다. 멀리는 돌을 이용해 불을 피우던 시기부터 가깝게는 컴퓨터와 인공지능을 이용하기까지, 인간은 자신의 한계를 돌파하기 위해 기계의 힘을 빌려왔다. 현재 우리의 교통과 통신, 교육과 문화 등 삶의 모든 분야는 기계와 관련되어 있다고 해도 과언이 아니다. 이런 발전의 궤적 속에서 '인간중심주의'는 자민족중심주의, 순혈주의, 남성우월주의 등과 같은 변종 언어를 낳기도 했다. **3**

---

3 2020년 초 트랜스젠더 여성의 숙명여대 입학을 둘러싼 논쟁은 이 문제가 여전히 해결되지 않았음을 상징적으로 보여 준다. 성전환 수술을 받은 트랜스젠더가 숙명여대에 합격하자 '페미니즘' 단체를 자처한 집단에서는 여성의 안전을 이유로 입학을 반대했다. '생물학적 여성'의 안전 보호라는 명분

이들 언어가 보여 주는 것처럼 근대사회는 서구와 비서구, 남성과 여성이라는 이분법적 구도에서 비서구-여성 주체의 노동력을 착취하고 서구-남성의 지배력을 강화하며 발전했다. 다시 말해 근대사회는 동일한 계급·성·문화를 공유한 사람들이 중심이 된 공동체를 이루며 성장했다. 이에 대한 문제제기가 없었던 것은 아니지만, 지배력을 강화한 주체들이 내세운 경제발전이라는 명분이 언제나 면죄부가 되었다. **4**

따라서 포스트 휴먼은 타인과 접속하는 방식을 재발명하는 존재가 되어야 한다. "포스트 휴먼의 존재는 바탕이 소유적 개인주의가 아니라 컴퓨터라고 생각할 때 등장하며, 따라서 지능을 가진 기계와 매끄럽게 접합될 수 있다"(Hayles, 2013: 77)고 케서린 헤일스가 말할 때 드러나는 것이 바로 접속의 방식이다. 여기서 '지능을 가진 기계'의 의미를 꼭 복제인간으로 한정할 필요는 없다. 그간 우리가 비인간이라 여긴 존재

은 남성과 여성이라는 생물학적 구분(위계)에 여전히 갇혀 버린 사고를 보여 준다는 점에서 문제적이다.

4 2014년 세월호 사건을 떠올리지 않을 수 없다. 당시 우리는 자본을 위해 인간의 가치를 망각했다는 비판과 성찰의 시간을 보냈다. 바로 그 문제의식을 다시 떠올려 볼 필요가 있다. 다음의 연구를 참고할 수 있다. 노명우 외 (2015); 오준호(2015) 등.

― 기계, 여성, 빈자, 장애인 ― 와 위계 관계를 이루었다면, 포스트 휴먼은 이러한 구조를 어떻게 없애며, 비인간과 접속할 수 있을지를 고민해야 한다. 예컨대 포스트 휴먼은 근대 자본주의 체제하 삶의 구성 방식을 근본적으로 질문하고, 탈구축하는 존재이다.

"포스트 휴먼이 된다는 것은 윤리적 가치와 확대된 공동체 의식을 결합하는 새로운 방식을 의미하며, 여기에 영토적 혹은 환경적 접속이 포함된다."(Braidotti, 2017: 243) 다시 말해 근대 자본주의 사회가 망가뜨린 공동체 의식과 접속의 방법론을 테크놀로지를 기반으로 새롭게 발명해야 하며, 이때의 접속은 국가경계를 초월하고 자연환경과 공존하는 삶의 창출까지를 의미한다. 포스트 휴먼의 핵심적인 문제의식은 그간 비인간으로 치부한 주체들과 공존하며 자연과 병진하는 존재로서 인간을 다시 사유해야 한다는 점이다.

근대화 시기 자본의 윤리

포스트 휴먼의 삶을 상상하기 위해서는 먼저 근대 인간의 모습을 구체적으로 직시할 필요가 있겠다. 우리나라는 1960~70년대 박정희 체제에서 근대 인간의 형상이 완성되었다. 불법적으로 정권을 잡은 박정희 정권은 국민들에게 돈에 대한 적극적인 욕망을 심어주며 체제의 정당성을 확보하려고 했다. 박정희 정권이 임기 내내 외쳤던 '국민소득 증가'는 부에 대한 대중들의 욕망을 증폭시키며, 그들의 관심을 정치적 정당성에서 경제적 가치로 돌리기 위한 방법이었다. 과학기술은 부를 얻기 위한 원천이었으며, 경제성장이라는 목표 앞에 좌우 대립은 존재하지 않았다.[5] 자본에 대한 주체의 욕망이 증폭될수록, 자본주의 윤리는 인간의 내면에 자리 잡아 갔다. 이념적 구도와는 무관하게 근대 주체의 내면은 단일하게 형성된 것이다.

조세희의 《난장이가 쏘아 올린 작은 공》(1978)은 이러한

---

5 1970년대 과학과 자본의 문제에 대해서는 김태호 외(2018); 김덕영(2019) 참조.

근대화 시기 인간의 존재 방식에 대한 예리한 인식과 통렬한 비판이 담긴 소설이다. 이 소설집은 1970년대 산업화 시대 노동자의 소외를 다루고 있는 작품으로 널리 알려졌지만, 다시 읽으면 눈에 들어오는 키워드는 과학기술과 자본이다. 특히 전통적인 리얼리즘 소설과는 전혀 다른 방식으로 자본주의 사회에서 인간의 내면이 어떻게 직조되는지에 대한 작가의 통찰을 드러내는 것이 핵심이다.

조세희는 난쟁이 가족을 중심으로 산업화 과정을 추적한다. 그 속에서 작가가 중심을 두는 것은 과학기술이 자본과 만나면서 인간의 마음을 어떻게 조직해 나가는가이다. 우리가 상식적으로 알고 있는 선과 악의 기준이 뒤바뀌는 맥락을 추적하며, 작가는 난쟁이 이야기를 썼다고 고백한다.

글은 쓰지 않았지만 나는 작가였다. 이 이상 슬픈 일은 있을 수 없다고 나는 작가로서 생각했다. 마이너스는 신이 인정했다. 그리고 행복은 마음의 상태이기 때문에 달 수도 없다는 것이다. 어른들은 그것을 달아 나타내기 위해 지수화의 기술 개발을 꾀했고 결국은 마음의 상태를 몸무게처럼 달아 킬로그램으로 적고 있다. 그래서 난장이의 이야기를 썼다. 난장이의 이야기를 쓰면서 나는 몇 번이나 울었다. 그렇게 쓴 이야기가 한 권의 책으로 꾸며져 나왔다(조세희, 1983: 142).

여기서 드러나는 작가의 정서는 행복을 수치화하는 어른들의 논리에 대한 슬픔과 부끄러움이다. 다시 말해 모든 가치를 수량화하고, 더 많은 양을 얻는 것을 '합리성'이란 이름으로 정당화하는 근대 인간의 사고에 대한 비판인 셈이다. 작가가 현실에서 포착한 수량화 방법은 더 많은 돈을 획득하기 위한 재개발 프로젝트였다.

재개발이라는 근대화 프로젝트에서 쫓겨난 난쟁이 가족의 서사는 난쟁이의 자살과 장남 영수의 살인으로 끝나게 된다. 작가는 왜 이러한 비극적 결말로 작품을 끝맺었을까? 이러한 결말은 과학이 더 많은 자본을 획득하는 것에만 복무하고, 돈에 대한 욕망을 가진 존재로 탈바꿈한 인간들이 경합하는 현실에 대한 경고이다. 누구보다 성실하고 올바른 삶을 살았던 난쟁이와 영수의 파멸을 통해 자본주의 체제의 견고함이 드러나기도 한다.

조세희가 칼날 위에 올린 체제가 바로 1970년대에 그 싹을 틔우고 1997년 이후 본격화된 신자유주의다. 6 핵심은 선과 악의 이동성이다. 나의 이익을 위해 타인에게 해를 끼쳐선 안 된다는 사실은 옳다. 직관적으로 누구나 동의할 수 있다. 하지만 여기에 자본과 법이 개입하면 판단은 달라진다. 《난장이가 쏘아 올린 작은 공》이 다루고 있는 재개발이 그 사례 중 하나이다. 합법적으로 이루어지는 도심 재개발은 난쟁이 가족과 같은 갈 곳 없는 사람들을 양산했다. 대표적인 사례가 2008년 용산 사태이다. 경찰은 합법적 진압이었음을 강조했고, 망루에 오른 철거민은 순식간에 불법을 저지른 죄인이 되었다. 도심 재개발에 건설업자와 부동산 투기 세력의 이익이 걸려 있음은 잘 드러나지 않는다.

자본과 법은 선의 짝패이고 그 반대는 보통 악으로 규정된다. 공장 주인을 살해한 영수를 심판하는 법정에서 경훈은 노동자들이 "자유의사에 따라 은강 공장에 들어가 일할 기회를 잡"(조세희, 2017: 290)았기 때문에, 영수의 행동이 정당화될 수 없다고 생각한다. 영수가 노동자를 착취하며 자기의 이익을 취했던 자본가를 악으로 규정했다면, 경훈은 노동자가 자유의

<hr>

6 신자유주의의 개념과 역사, 한국적 상황에 대해서는 지주형(2011); 강내희(2014) 등을 참조.

지로 일을 했다는 점에서 자본가에게는 죄가 없다는 것이다.

조세희는 후속작 《시간여행》(1983)에서 선을 가장한 자본의 위력이 중산층으로 확장되는 현실을 보여 준다. 《시간여행》의 신애는 《난장이가 쏘아 올린 작은 공》에서는 난쟁이를 위해 칼을 휘두르는 인물이었다. 하지만 그녀는 1980년대 초반에 "한강이 내다뵈는 땅에 지어 놓은 쉰두 평짜리" 아파트에 이사했다. 나이를 먹으면서 과거 '악'이라고 생각했던 삶에 빠져든 것이다. 《난장이가 쏘아 올린 작은 공》에서 난쟁이 가족에게 분양권을 사간 남자나 은강 소유주와 같은 자본가 계급에 한정되었던 자본의 소유가 신애와 같은 평범한 사람까지 확장된 것이다. 신애는 신자유주의적 삶의 체제에 익숙해져 간 근대 인간의 전형적인 모습을 보여 준다. 더 열심히 일해서 더 많은 돈을 벌고 소비하면서 만족감을 느끼는 우리의 자화상이 바로 신애이다.

포스트 휴먼: 어떻게 접속할 것인가?

작가 조세희는 《난장이가 쏘아 올린 작은 공》과 후속작 《시간여행》을 통해 자본증식으로 물질적 풍요를 이루는 것이 보편적 선으로 인식되어 가는 과정을 그렸다. 그리고 《침묵의 시간》(1985)에서는 '기계'(사진기)를 들고 도시화의 과정에서 몰락한 서북 탄광을 기록한다. 기계를 자본 획득을 위한 도구가 아니라, '소외'를 드러내기 위한 사회적 기제로 활용한 것이다. 이 과정에서 환경오염 문제를 제기한 점도 조세희가 상상한 바람직한 인간형의 모습이 무엇인지를 짐작하게 한다. 요컨대 조세희는 세 편의 소설을 통해 기술이 자본과 영합하여 자연을 착취하고 인간을 각자도생의 길로 들어서게 만드는 미래를 예상하며, 이로부터의 단절을 촉구한 것이다. 이는 기술과의 단절이 아니라 《침묵의 시간》에서 보여 주듯, 기술을 어떻게 사용하느냐의 문제이기도 했다. [7]

조세희가 작품을 통해 보여 준 근대 인간의 인식론과 삶의

---

[7] 조세희 작품에 나타난 과학기술과 행복에 대한 자세한 논의는 최병구 (2019) 참조.

구조는, 1990년대 이후, 우리의 현실에 뿌리 깊게 자리 잡았다. 기계문명의 발전 속도에 비례하여 자본을 최고의 가치로 여기는 사람들이 늘어나게 되었다. 어쩌면 이것은 당연한 일이다. 하위 30%의 삶이 무엇을 뜻하는지 명백해진 현실에서, 그 삶을 피하려는 노력을 비난할 수는 없다. 그러니까 문제는 투자(투기)하는 삶이 지상 과제로 자리 잡은 현실 그 자체가 아니라, '다른 삶'을 상상하기 불가능한 사회가 되었다는 점이다.

이런 맥락에서 우리는 난쟁이 김불이가 꿈꾼 세상에 주목해야 한다. 그는 자본주의 체제에서 배제된 장애인(비인간)이다. 그가 꿈꾼 세상은 인간과 비인간의 결합, 즉 지금으로서는 불가능한 것으로 보이지만 가능하게 만들어야 하는 유토피아이다. 코로나19 사태 이후, 포스트 휴먼이란 김불이가 꿈꾸는 세상을 현실로 만들기 위해 노력하는 존재가 되어야 한다.

아버지는 따뜻한 사람이었다. 아버지는 사랑에 기대를 걸었었다. 아버지가 꿈꾼 세상은 모두에게 할 일을 주고, 일한 대가로 먹고 입고, 누구나 다 자식을 공부시키며 이웃을 사랑하는 세계였다. 그 세계의 지배 계층은 호화로운 생활을 하지 않을 것이라고 아버지는 말했었다. 인간이 갖는 고통에 대해 그들도 알 권리가 있기 때문이라는 것이었다. (중략) 그러나 아버지가 그린 세상도 이상 사회는 아니었다. 사랑을 갖지 않은 사람을 벌하기 위해 법을 제정해야 한다는 것이 문제였다. 법을 가져야 한다면 이 세계와 다를 것이 없다. 내가 그린 세상에서는 누구나 자유로운 이성에 의해 살아갈 수 있다. 나는 아버지가 꿈꾼 세상에서 법률 제정이라는 공식을 빼 버렸다. 교육의 수단을 이용해 누구나 고귀한 사랑을 갖도록 한다는 것이 나의 생각이었다(조세희, 2017: 213).

인용문에서 영수는 아버지가 꿈꾼 세상은 '사랑'이 보편화된 사회라고 한다. "사랑의 행동은 기존 존재와의 단절을 나타내고 새로운 존재를 창조한다는 점에서 존재론적 사건"(Negri & Hardt, 2014: 263)[8]이다. 다시 말해 이때의 사랑은 소유로서의 사랑이 아니라 개별자의 특이성이 지속되며 연결되는 사랑,

---

8 여기서 저자는 통일의 과정, 동일한 것 되기의 과정으로 사랑을 부패한 것으로 정의한다. 우리에게 익숙한 사랑, 즉 연애-결혼-가족 되기의 사랑, 민족에 대한 사랑 등은 부패한 것으로 바라보며, 그것과 단절하는 과정으로서 사랑에 주목한다.

그래서 성과 계급의 동질성이 존재하지 않는 사랑이다. 이는 자본주의 사회의 위계화된 사회구조와 정면으로 충돌한다는 점에서 폭발성을 갖는다. 난쟁이가 언급한 사랑도 투기하는 삶과의 단절을 통해야 가능하다는 점에서 같은 맥락에 위치한다. 미리 밝히자면 이 책에서 다루는 〈붉은 별〉, 〈엔지니어 메니〉, 《완전사회》, 〈잔상〉이 공통적으로 추구하는 가치가 바로 '사랑'이다.

이 단절을 위해 꼭 필요한 작업이 바로 법을 부정하는 것이다. 난쟁이가 자살이라는 비극적 선택을 할 수밖에 없었던 이유는 아이러니하게도 법을 지키려고 했기 때문이다. 법은 자본주의 국가의 안전을 보호하기 위한 제도이다. 즉, 자본주의 문명사회로 진입하기 위해서 누군가의 희생이 필요하다는 인식이 법 제도의 이면이다. 난쟁이는 그 제도 속에 편입하지 못하고 버려진 존재이다. 영수는 이 점을 간파하고 법을 위반(살인)함으로써 자본주의 제도와 단절하고자 했다.

소설에서 사랑의 세계는 달나라와 같은 유토피아로 등장한다. 삶에서도 마찬가지다. 코로나19 사태로 인간의 이동이 멈추자 자연환경이 회복되었다는 기사가 등장했지만, 이것은 일시적인 현상으로 각국이 경제활동을 재개하면 환경오염이 더 심각해질 것이라는 보도가 나오고 있다. 경제회복을 위해 기존의 환경규제를 풀 것이라는 전망 때문이다(〈서울신문〉, 2020. 5. 7.). 이대로라면 사랑의 세계가 현실로 내려오기란 불가능에 가까운 일로 보인다. 불가능을 가능으로 만들기 위해서 우선 필요한 것이 자본주의 사회의 접속 방식과 단절하고, 새로운 커뮤니케이션communication 방법을 개발하는 일이다. 이 책에서는 이것의 구체적 맥락을 '사랑'을 주제로 한 작품을 통해 살펴볼 것이다.

테크노 사회주의와 SF

포스트 휴먼의 존재론적 기반으로 사회주의를 거론하는 것은 적절치 못한 것으로 보일 수 있다. 사회주의는 이미 그 시효를 다한 이념으로 인식되기 때문이다. 하지만 흥미롭게도 2010년대 이후 공산주의 혹은 사회주의는 언론에 자주 등장했다. 조디 딘은 2012년 버락 오바마 미국 대통령에게 공산주의라는 딱지가 붙게 된 맥락 속에서 "신자유주의적 국가 정책 및 무모한 금융중심체제financialism 같은 극단적 자본주의가 촉발하는 엄청난 불평등은 가시적이고, 틀림없으며, 전지구적"
(Dean, 2019: 58)이라는 사실을 발견할 수 있다고 했다. 신자
유주의가 초래한 부의 양극화 현상을 해결하려는 정부의 의지
와 정책에 대한 보수 언론의 사회주의라는 명명은, 역설적으
로 제도의 불평등을 여실히 보여 준다는 것이다. 자신들의 권
력을 놓치지 않기 위해 정부 정책에 사회주의라는 딱지를 붙
이는 현상은, 문재인 정권 출범 이후에도 동일하게 벌어졌다.
요컨대 2010년 이후 정권이 추진한 정책이 신자유주의의 방
향과 맞지 않을 때 보수 언론에 의해 호명되었던 것이 바로 사
회주의였다.

　이와 같이 최근 사회주의가 소비되는 양상은 사회주의가
불가능을 가능으로 만들 가능성을 담지하고 있음을 보여 주는
증거이다. 미디어·정치권력은 자신들의 기득권이 사라질 것
에 대한 두려움을 사회주의에 부정적 딱지나 오명을 씌우며
표현하고 있는 것이다. 이 책은 포스트 휴먼 시대를 열어젖힌
테크놀로지의 새로운 접속 방법을 사회주의에서 발견할 수 있
다고 주장한다. 물론 이때의 사회주의는 현실 정치체제로서
유통기간이 만료된 사회주의가 아니라 우리가 오랫동안 잊거
나 불가능하다고 여겼던 신념이나 믿음의 연결망을 가능하게

해주는 지식체계이다.

이를 위해서 간략하게나마 사회주의의 역사를 살펴볼 필요가 있겠다. 사회주의는 근대 자본주의의 적자다. 러시아 혁명 직후 레닌의 기술에 대한 신념이나 식민지 조선에 유입된 러시아 표상이 '트랙터'와 같은 기계문명에 집중되는 점은, 사회주의가 기술과 생산력의 발전을 통해 경제를 부흥하려는 산업 자본주의와 동일한 구조로 이루어졌다는 사실을 증명한다. 정치적인 측면에서 사회주의와 자유주의의 이념적 대립만이 강조되어 왔지만, 경제적 측면에서 볼 때 사회주의는 자본주의에 내재된 기술 합리성을 공유한 체제였다. **9** 현실 사회주의 체제가 실패한 이유는 노동생산성 향상을 위한 사회적 관계를 자본주의 국가와 공유하면서도, 시장경제 체제의 부정이라는 비효율적 사고를 했기 때문이다. 다시 말해 더 많은 자본을 얻고 노동 생산성을 높이기 위해서는 개인이 자기의 삶을 통제하며 자본의 생산에 기여하는 기업가 주체로 탈바꿈하는 것이 효과적이기 때문에, 사회주의는 자본주의와의 경쟁에서 뒤처지게 된 것이다. 일단 이 점을 명확하게 인식하는

---

9 이에 대한 논의로는 박헌호(2008) ; Carr(2017) ; 박노자(2017)를 참조.

것이 중요하다.

따라서 이제 요청되는 것은 사회주의와 자본주의가 공유하는 체제와 단절할 수 있는 방법론을 마련하는 일이다. 그 시작은 자본생산성을 높이기 위해 '개인의 책임'으로 사회 문제를 돌렸던 신자유주의적 삶의 구조를 인식하는 것이다. 최근의 '인국공'(인천국제공항공사) 사태가 증명하듯, 현재 청년들에게 공정이란 가치는 안정적인 직장을 얻기 위한 개인의 노력을 얼마나 정확히 반영했는지의 여부로 수렴된다. 자신의 미래를 오로지 스스로 책임져야만 하는 사회에서 나올 수밖에 없는 반응이라고 생각한다. 하지만 우리가 꿈꾸는 것은 소수의 선택받은 사람만 안정적인 직장에서 미래를 설계하고, 다수의 사람들은 불안한 미래에 연애도 결혼도 포기하는 사회가 아니다. 바로 그렇게 위계화된 신자유주의 체제를 재구축하는 것이 공동의 목표가 되어야 한다.

이 목적은 신자유주의 발전에 결정적 역할을 담당했고, 미래 사회에는 더 큰 영향력을 발휘할 과학기술이 어떤 가치와 만나서, 어떤 기계를 생산하느냐에 따라 달성될 수 있다. 과학기술의 가치중립성이 허구라는 사실이 명백해지고, 과학에 대한 지식을 대중적으로 확산시키려는 움직임이 활발하게 이루어지고 있다(김상욱, 2016; 임태훈 외, 2017; 전치형, 2019; 전치형 외, 2019). 이 현상은 과학기술이 우리 삶의 중심이 되었다는 징후이면서 시장경제의 논리에 따른 그간의 발전도식이 가지는 한계가 명확해졌다는 증거이다. 과학이 추동한 근대사회가 더 이상 아름다울 수 없다는 문제의식이 과학에 인문학의 시선이 더해진 이유이다.

앞으로 인간과 비인간의 구분은 점차 사라질 것이다. 2016년 이세돌 9단과 알파고의 대결이 우리에게 충격을 준 이유는 인간 고유의 영역이 점차 사라질 것이라는 두려움 때문이었다. 4년이라는 시간이 흐르는 동안 인간과 기계의 격차는 더욱 좁혀졌다. 기계는 이제 인간의 일부이고 기계-인간을 만들기도 한다. '로봇세', '로봇 시민권' 등의 논의가 보여 주듯 기계와 인간의 경계가 점차 사라지고 있다.

인간과 비인간의 경계가 사라진다는 것은 어떤 의미일까? 일각에서는 이를 두고 인간의 존엄성(?)이 훼손된다는 점에서 두려움을 내비치기도 한다. 하지만 근대의 성장 과정에서 비인간은 단순히 기계만을 지시하지 않았다. 여성, 동성애자, 장애인 등이 비인간으로 취급받았다. 이들을 혐오의 대상으로 만들었던 자본주의 생산체제를 허물고, 모두가 동시에 접속할 수 있는 사회를 만들기 위한 과학기술의 역할이 절실하다. 우리가 진짜 두려워해야 할 것은 인간과 비인간의 경계가 사라지는 상황이 아니라 인간이 기계처럼 아무런 사고를 하지 않고 자본주의의 패턴 그대로 움직이는 현실이다.

이러한 맥락에서 사회주의가 호출된다. 특히 사회주의 운동사에서 전통의 권위에 배제되었던 문화와 삶의 혁명이라는 흐름에 주목해야 한다. 10 우리가 어떤 변화를 원한다면, 새로운 인간형을 창조하기를 갈망한다면, 정치와 경제에 관여하는 것으로 충분하지 않다. 변화를 만들어내는 것은 문화와 일상, 습관의 영역이다. 그리고 이 영역을 직조하는 것이 바로 테크놀로지이다. 이 책에서는 문화와 습관의 영역에 관여하는 사회주의를 전통적 사회주의와 구분하여 테크노 사회주의 Techno Socialism로 명명한다.

자본이 어느 지점에 머물러 축적되기 위해서는 기술의 도움

---

10 2008년 미국 금융위기 이후 지젝, 바디유, 바우만 등 일련의 서구 이론가들이 마르크스와 레닌을 다시 호명한 것은 우연이 아니다. 그들은 오염된 사회주의가 아니라 '공산주의'의 상상력에 주목했고, 이를 토대로 현실 문제에 개입하여 변화를 꿈꿨다. 이들의 논의와 대화하며 공산주의의 현재적 의미에 주목한 연구로 Bosteels(2014)를 참조할 수 있다.

이 필요하다. 간단한 예로 산업혁명이 가져다준 대량생산 체제를 생각하면 된다. 자본은 기술의 힘으로 만들어진 기계의 도움으로 공장이라는 공간에 머물며 축적되기 시작했다. 대량생산으로 만들어진 상품은 시장에서 유통되며 인간의 욕망을 새롭게 창조했다. 소비 주체로서의 인간이 탄생한 것이다.

　소비 주체란 소비의 행위를 통해 자기의 정체성을 증명하는 존재이다. 대량생산된 싼 가격의 공산품은 빠른 속도로 우리에게 파고들어 균질화된 일상을 만들었다. 처음에는 생활의 편리함을 위해 상품을 구매했지만, 어느 순간 상품이 인간의 물질 욕망을 만들어 낸다. 자본주의가 가속화되면서 물질 욕망은 극단적으로 분할되었다. 코로나19 사태를 겪는 동안 당장의 끼니를 걱정하는 사람이 적지 않지만, 누군가는 백화점 문이 열리자 명품 가방을 사기 위해 오픈 런open run을 한다. 두 집단의 사람이 소유한 욕망은 분명 다를 것이다. 테크놀로지는 더 빠르게 새로운 상품을 만들어 낸다. 인터넷 네트워크는 실시간으로 우리에게 필요한 상품을 보여 주며 소비를 권한다. 한 번 검색해 본 상품이 모니터 화면 곳곳에 떠다니는 경험을 해보지 않은 사람은 없을 것이다. 기술의 속도를 인간의 의식이 쫓아가기 급급하다.

테크노 사회주의는 바로 이러한 현상을 성찰하며, 인간과 비인간의 관계, 인간과 테크놀로지의 관계를 어떻게 재발명해야 하는지를 고민한다. 정보통신기술IT, 알고리즘, 사물인터넷IoT 등과 같은 새로운 과학기술이 가시화될 세상에서 우리는 과거보다 더 인간다운 삶을 살 수 있을까? 과거보다 편리한 삶을 살겠지만, 오히려 우리는 덜 사고하지 않을까? 이 상황을 어떻게 돌파할 수 있을까? 테크노 사회주의는 이러한 질문을 던지며 과학기술과 인간의 접점을 새롭게 만들기 위한 방법을 제시한다.

테크노 사회주의는 이데올로기가 아니라 유동하는 삶을 성찰하는 정보로서 기능한다. 조금 더 부연하자면, 우리가 사회주의에 대해 공부해야 하는 이유는 그 정보가 현재 우리에게 익숙한 삶의 패턴을 반성하고 재배열하는 것에 기여할 수 있기 때문이다. 재배열의 꿈은 "미래와 더 나은 세상의 이미지"(Bauman, 2016: 25)[11]로 정의되는 유토피아이다. 사회주

---

11 바우만은 유토피아의 구체적인 의미로 다음과 같은 네 가지를 들고 있다. ① 아직 충족되지 않았으며, 더 많은 노력이 필요하다고 느껴진다. ② 바람직하다고 여겨지지만, 반드시 실현되어야 할 단 하나의 세계로 인식되지는 않는다. ③ 기존 사회에 대하여 비판적이다. ④ 상당한 위험을 내포하고 있다.

의와 유토피아에 대해 바우만은 다음과 같이 말한다.

사회주의는 다른 모든 유토피아들과 함께, 가능성의 영역에 살
고 있을 때에만 생식력을 유지할 수 있다는 불편한 특성을 공유
한다. 그것이 성취되었다고, 경험적 실제라고 선언되는 순간
창조력을 잃는다. 그렇게 되면 더 이상 인간의 상상력에 불을
지피지 못하여, 자신의 한계를 초월하고 상대화할 수 있게 해
줄 수 있을 만큼 충분히 멀리 떨어져 있는 새로운 지평이 강력
하게 요구된다(Bauman, 2016: 64).

바우만은 사회주의를 가능성의 영역이라고 정의한다. 과학
으로 실체화된 미래가 아니라 불가능한 가능성을 현실로 만들
기 위한 상상력을 활성화시키는 것에 사회주의의 역할이 있다
는 것이다. 과학의 합리성에 토대를 둔 미래 사회가 인간의 물
질적 요구와 경제적 욕망으로 수렴되는 것이라면, 바우만이
가능성의 영역으로 읽고자 한 사회주의란 그런 실체 모두를
의문에 붙이는 인식력과 상상력이 활동하는 시·공간이다.
바로 여기에 'SF'와 '테크노 사회주의'를 겹쳐 읽는 이유가 있
다. 테크노 사회주의는 이제는 진부하게 느껴지지만, 아직 그

실체조차 정확히 알 수 없는 4차 산업혁명 시대에, 새로운 접속의 '가능성' 문제를 사유하기 위한 길라잡이다. 기술은 미래를 결정하지 않는다. 그 기술을 이용하는 주체들의 입장과 상상력, 즉 가능성을 현실화하는 방법에 따라 미래가 결정된다.

가능성의 현실화, 다시 말해 불가능성의 가능성을 어떻게 창출할 수 있을까? 먼저 분열된 우리의 의식을 직시해야 한다. 산업사회에서 인간은 교환가치의 창출이라는 사회의 목적에 맞추어 자기의식을 형성했다.[12] 교환가치에 우선순위를 매기는 사고는 우리의 삶을 분열시킨다. 많은 경우 사람들은 일을 그만두고 싶지만 당장의 끼니를 위해 일을 할 수밖에 없다. 도덕적으로 올바르지 못한 일을 경제적 이익을 위해 하는 경우도 있다. 나아가 경제적 이익을 위한 행동이 도덕적 올바름으로 규정되기도 한다.

이 악순환의 고리를 끊어야 한다. 물론 쉽지 않다는 것을

---

12 마르크스는 이 점을 지적하며 "개인은 교환 가치를 생산하는 개인으로만 실존을 가진다는 것, 요컨대 이미 자기의 자연적 실존의 완전한 부정이 내포되어 있고, 개인이 전적으로 사회에 의해 규정된다는 것, 이는 나아가 개인이 단순히 교환자들의 관계와는 다른 관계 속에 이미 정립되어 있는 분업 등을 전제로 한다는 것 등이 망각된다"(Marx, 2016: 244)라고 언급한 바 있다.

알고 있다. 이미 뼛속까지 익숙한 삶의 패턴이기 때문이다. 우리는 다른 사회를 상상할 수 있을 때 현재의 사회에 뭔가 문제가 있다는 것을 알 수 있다. SF소설은 극단의 사회를 상상한다. 디스토피아적 전망은 우리 사회의 미래다. 테크노 사회주의라는 문제 틀은 디스토피아를 유토피아로 전환할 수 있는 매개, 즉 습관과 일상의 영역을 새롭게 직조할 수 있는 가능성의 발견을 추구한다.

사회주의 · 욕망 · 젠더

이 책은 새뮤얼 버틀러의 《에레혼》(김영사, 2018), 알렉산드르 보그다노프의 〈붉은 별〉, 〈엔지니어 메니〉(아고라, 2016), 문윤성의 《완전사회》(아작, 2018), 존 발리의 〈잔상〉(불새, 2015)을 살펴본다. **13** 각기 다른 시대, 다른 국가에서 태어난

---

13 〈엔지니어 메니〉는 〈붉은 별〉의 프리퀄로, 《붉은 별: 어떤 유토피아》(아고라, 2016)에 함께 실려 있다. 〈잔상〉은 존 발리의 다른 소설과 함께 《잔상》(불새, 2015)에 실려 있다. 이하 다섯 편 소설의 인용은 본문에 제목과 페이지 수만 병기하도록 하겠다.

네 명의 작가이지만, 이들 작품에는 몇 가지 공통점이 존재한다. 《에레혼》은 근대 자본주의가 막 생성되던 19세기 영국과 뉴질랜드를 배경으로 자본주의 체제에서의 기계와 인간의 관계, 특히 분열된 인간의 의식을 성찰한다는 점에서 나머지 작품들의 배경이 된다. 근대 인간의 분열되고 자기모순적인 현실인식은 우리가 가장 먼저 직시해야 하는 대상이다.

나머지 작품들은 다음과 같은 공통점을 가지고 있다. 첫째, 욕망('사랑'과 '성욕')이 중요한 제재로 활용된다. 혁명기 러시아(〈붉은 별〉, 〈엔지니어 메니〉), 1960년대 대한민국(《완전사회》), 1990년대 미국(〈잔상〉)에서 출간된 작품이 동일하게 사랑과 성욕을 제재로 활용하고 있다는 사실이 함의하는 바는 무엇일까? 이 물음은 이 책 전체를 관통하는 중요한 질문이다. 둘째, '사회주의'(공산주의)를 직·간접적으로 암시하는 설정이 등장한다. 〈붉은 별〉과 〈엔지니어 메니〉는 1920년대 러시아의 대표적인 혁명가의 작품이며, 〈잔상〉의 공동체는 '민주적 공산주의' 원칙에 따라 세워진 것이었다. 《완전사회》의 여인국의 통치체제는 사회주의 국가를 떠올리게 만든다. 셋째, 젠더 문제를 전면에 배치한다. 〈붉은 별〉의 화성에는 남성과 여성의 외형적 차이가 존재하지 않았으며,

《완전사회》는 남성들이 모두 화성으로 쫓겨나고 지구에는 여성들만 남았다는 설정이다. 〈잔상〉의 퀠러 공동체는 성별 구분의 의미가 없는 곳이다.

이러한 세 가지 공통점에 대한 표상 방식은 각각의 작품이 다르지만, 세 가지 항목이 매우 긴밀하게 연결되어서 각각의 작품을 구성한다. 따라서 다섯 작품은 페미니즘 소설 혹은 사회주의 소설이라고 단일하게 규정하기 어려운 특징을 갖는다. 후술하겠지만, 이는 다섯 작품이 새로운 공동체를 상상하는 과정에서 젠더·노동 문제의 관계를 치밀하게 사유한 결과이다.

2장

자본주의 체제의 역설과 기계혁명

들어가며 ─ 새뮤얼 버틀러, 《에레혼》

새뮤얼 버틀러의 장편소설 《에레혼》의 주인공 '나'는 영국에서 뉴질랜드로 이주한 후 양을 키우며 많은 돈을 벌고 싶은 욕망을 키워 나간다. 주인공은 꿈을 이루기 위해 탐험을 하다가 '에레혼' 마을에 도착하는데, 마을 사람들은 주인공의 시계를 빼앗고 기계를 경계하는 모습을 보인다. 그러한 모습에 의아함을 느끼지만 주인공은 살기 위해 의심의 눈초리를 거두고 마을의 문화를 하나씩 경험한다. 그 과정에서 마을 사람들이 기계가 인간의 영혼까지 지배할 것을 두려워해서 기계를 모두 제거한 사실을 알게 된다. 기계가 사라진 비밀을 알게 된 후 주인공은 영국으로 돌아가고, 기계의 힘을 쓸 줄 모르는 에레혼 마을 사람들을 노동자로 착취하기 위한 계획을 세우는 것으로 작품은 끝이 난다.

이상의 줄거리에서 확인되듯 《에레혼》은 가상의 마을 에레혼에서 주인공이 경험하는 다양한 문화와 기계의 관련성을 상상하는 즐거움을 주는 소설이다. 주인공은 마을의 법원, 대학, 은행을 경험한다. 에레혼 마을의 문화는 현재 우리가 상식적으로 알고 있는 내용과는 반대로 운영되고 있었다. 법원은 질병을 중범죄로 여기고 대학은 생각하지 않는 사람을 길러 내는 식이다. 이러한 문화와 기계는 어떤 연관성을 맺고 있는 것일까? 이에 답하는 과정은 현재 우리가 경험하고 있는 신자유주의 체제의 역설과 대면하는 순간이기도 하다. 근대 초기에 제출된 《에레혼》은, 4차 산업혁명의 시간을 통과하고 있는 지금-이곳의 문화와 상당한 유사성을 갖고 있다. 작가가 상상한 기계 문화와, 현재 우리가 경험하고 있는 기계 문화 및 그로 인한 일상의 변화를 비교하며 《에레혼》을 읽어 보자.

기계와 돈

우리가 살아가는 세계는 여러 겹으로 둘러싸여 있다. 정치·경제·사회·문화 등으로 불리는 그 영역들은 서로 겹쳐서 우리의 삶을 구성한다. 어떤 개인이든 이렇게 형성된 일상을 살아간다. 우리는 만나고 흩어지면서 삶의 여러 겹들을 민감하게 의식하기보다는, 나의 행동 패턴에 따라 무의식적으로 하루를 반복한다.

하지만 반복되는 일상을 잠시 멈추고 삶의 패턴에 영향을 미치는 겹들을 조금만 유심히 관찰하면 전체를 규율하는 원칙을 발견하게 된다. 바로 돈의 흐름, 즉 자본의 이동이다. 오늘날 자본은 단지 경제 문제로만 소급되지 않는다. 돈에 대한 인식의 차이가 정치적 관점을 만들고, 지지하는 정당을 결정한다. 새로운 사회 현상이나 이를 반영한 신조어1를 조금만 들춰보면 대부분 돈의 문제와 연관되어 있다는 사실을 알 수 있다. 코로나19 사태가 뒤바꾼 사회에서 정부가 방역과 함께 심혈을 기울여 해결하고 있는 경제 문제에는 실로 우리의 삶

---

1 2010년대 이후 유행한 'N포세대', '헬(hell)조선', '금수저' 등이 대표적이다.

전체가 관여되었다고 해도 과언이 아니다. 한마디로 돈은 모든 인식과 판단의 근거다.

전 세계적 연결망이 구축되면서 만들어진 새로운 문화를 생각해 보자. 유튜브를 통해 필요한 정보를 얻고, 카카오톡 KakaoTalk으로 해외에 있는 지인들과 영상통화를 하고, 온라인 강의를 듣는 풍경은 네트워크 사회를 살아가는 우리의 일상이다. 5G 시대, 초연결 사회로의 진입은 이런 삶을 더욱 가속화할 것이다.

이 모든 풍경에는 공통적으로 돈이 흐르고 있다. 연간 억대의 수입을 올리는 유튜브 크리에이터는 초등학생이 선망하는 직업이 되었고, 전 국민의 메신저 카카오톡은 무료 플랫폼으로 수익 창출을 이루었다. 코로나19 정국에서 의도치 않게 전국적으로 확산된 온라인 수업은 기존의 오프라인 수업을 대체하며 자리 잡을 가능성이 크다. 태블릿 등 다양한 기계를 이용한 에듀테크EduTech 시장은 2017년 4조 원에서 2020년 10조 원 이상으로 성장한 것으로 예측된다.

교육부 장관은 초·중·고등학교 온라인 개학을 미래 교육 혁신의 계기로 삼자고 말했다. 코로나19 사태에서 어쩔 수 없는 선택이었지만, 위기를 기회로 삼아 교육 혁신을 이루자는 것이다. 그렇게 되길 진심으로 바란다. 이를 위해서라도 기계의 진화가 만들어 내는 새로운 삶에 대한 근본적인 성찰이 긴요하다. 지금 이 순간에도 기계는 쉬지 않고 움직인다. 그 속도감에 잠시 머리가 아프지만, 그 속도에 따라 자본의 총량이 결정되기에 멈출 기미가 보이지 않는다.

그간 우리는 속도를 변화로 이해하고 변화에 적응하는 것이 중요하다고 배웠다. 변화에 적응하지 못하면 무한경쟁에서 탈락하여 도태될 것이라는 불안감이 컸다. 끝이 없는 경쟁사회에서 살아남기 위해 우리가 쏟아 부은 노력과 돈은 엄청나다. 그럴수록 빈부격차는 확대되고, 우리는 행복하지 못하다.

어디에나 있는, 비상식의 나라

18세기 영국에서 발생한 산업혁명이 철도를 타고 세계로 퍼져나가던 19세기 중반, 영국 태생의 한 남성은 광활한 토지를 소유하고 막대한 부를 쌓겠다는 목적으로 뉴질랜드로 이주한다. 그는 뉴질랜드의 작은 목장에서 일하면서 강 건너 산맥 뒤로 무엇이 있을지를 상상했다. 미지의 세계에 대한 동경을 멈출 수 없었던 남성은 늙은 원주민 초복과 그 산맥으로 탐험을 떠난다. 얼마 지나지 않아 초복은 두려움에 다시 마을로 돌아가지만, 남성은 "미지의 세계에 발을 디뎌 명성이나 돈을 얻거나 아니면 목숨을 잃거나. 사실 이토록 대단한 목표를 눈앞에 두고도 목숨이 아까워 고개를 돌린다면 대체 목숨에 무슨 가치가 있겠는가"(《에레혼》, 52)라는 신념을 가지고, 산맥을 넘어 마침내 에레혼Erewhon 마을에 도착한다.

이러한 《에레혼》의 도입부는, 이 작품이 돈에 대한 근대인의 욕망을 다룬 소설임을 암시한다. 에레혼은 'nowhere'을 거꾸로 쓴 것으로, 어디에나 있는 나라, 유토피아의 반대를 의미한다. 주인공은 산맥 너머에 대한 두려움과 기대감을 가지고 이동했다. 돈에 대한 욕망이 두려움을 상쇄시켜 '저 너머'로 향하는 의지를 만들어낸 것이다. 이런 점에서 《에레혼》은 역설적이다. 저 너머의 공간은 부를 쌓을 수 있는 유토피아이면서, 우리 주위에 어디에나 있는 일상의 공간으로 해석되기 때문이다.

이 역설은 주인공이 에레혼 마을의 법, 은행, 대학에서 비상식적인 문화를 경험하고, 마을에서 기계가 사라진 이유를 밝힌 논문을 번역하는 과정에서 그 의미가 드러나게 된다. 결론을 미리 당겨 말하자면, '에레혼'이라는 공간이 지닌 역설은 자본주의 근대사회를 살아가는 주체의 내면이 처한 현실이다. 근대 주체의 내면을 만들어 낸 문화를 하나씩 살펴보자.

법의 원칙 1: 생산성이 없는 사람은 죄인이다

에레혼의 법은 가난과 병을 큰 죄로 규정하고 금전과 관련된 범죄는 병원에 가서 치료받아야 하는 사소한 것으로 여긴다. 에레혼에도 아픈 사람이 존재한다. 하지만 그들은 병을 중죄로 여기는 법률로 인해, 고통을 숨기고 건강한 척을 한다. 폐병에 걸려서 재판을 받게 된 남자에 대한 판사의 다음과 같은 선고는 이들의 공통된 인식을 보여 준다.

만약 피고가 건강하고 유복한 부모에게서 태어났으며 어렸을 때 제대로 양육을 받았다면 절대로 국가의 법을 위반하지도, 현재의 치욕스러운 지경에 처하지도 않았을 것이다. 만약 피고가 자신의 부모와 양육에 대한 책임이 없으며, 따라서 이를 자신의 범죄로 여기는 것이 부당하다고 주장한다면, 피고가 폐병에 걸린 것이 피고의 잘못이건 아니건 간에 이는 피고에게 내재하는 잘못이며 이러한 잘못에서 국가를 보호하는 것이 나의 의무라고 답하겠다. 피고는 자신이 범죄자가 되다니 불운하다고 주장할 수 있겠지만, 나는 불운해진 것이 바로 당신의 범죄라고 답변한다(《에레혼》, 131).

인용문에서 두드러지는 것은 몸이 아파서 정상적인 생활이 불가능한 청년의 상황에 대한 책임을 본인에게 돌리며 국가를 보호하려는 시각이다. 이는 푸코가 '생명권력'이라고 개념화한 근대국가의 통치방식을 상기시킨다. 자본주의 국가는 법제도를 정비하여 생산성을 발휘하지 못하거나 자본주의 규율에 순응하지 않는 사람들의 생명을 합법적으로 사회에서 분리시킬 수 있는 권력을 갖게 되었다. 대중들은 이런 국가의 통치가 자신들의 삶을 풍요롭게 만들어 준다고 믿고 내면화한다. 소설에서도 청년은 법원의 판결을 받아들였으며, 방청석의 그 누구도 판결에 문제를 제기하지 않았다. 그들은 부당한 상황에 대한 책임이 개인에게 있다는 사고를 공유하고 있었던 것이다.

주인공은 이런 판결과 에레혼 사람들의 반응이 비상식적이라고 하면서도 "불운을 이유로 처벌하거나 혹은 순전한 운을 근거로 보상하는 것이 불공정하다고 생각하진 않는다"(《에레혼》, 134). 주인공은 법원의 판결이 정상적인 사람이 따라야 하는 보편의 방식이라고 인식한다. 왜 주인공은 이런 양가적인 모습을 보이는 걸까? 이에 대한 주인공의 생각은 다음과 같았다.

우리가 명백히 도살 목적으로 키우며 안전하게 돌보는 양이 저지른 죄는 과연 무엇일까? 양의 죄목은 인간사회가 식량으로 삼고 싶어 하는 존재이자, 스스로를 보호할 힘이 없는 존재라는 불운을 타고 난 것이다. 이 정도면 충분하다. 사회 자체를 제외하고 누가 사회의 권리를 제한하겠는가? 또한 사회가 그로 인해 이득을 얻지 못한다면 개인에 대해 어떤 고려가 허용되겠는가? (중략) 우리는 모두 강도이거나 미래의 강도이며, 우리의 욕망과 복수를 조직화할 필요가 있다고 깨달았듯이 우리의 도둑질을 조직화해야 한다고 생각한다. 재산과 결혼, 법, 모두 마찬가지이다(《에레혼》, 135).

주인공은 인간이 식량으로 삼고 싶어 하는 존재로 태어난 것이 양의 죄라고 말한다. 철저히 '인간 중심적'으로 사고한 결과이다. 주인공은 양의 비유를 통해 법원의 판결을 긍정한다. 인간이 자기의 이익을 위해 동물을 도살하였듯, 사회의 이익을 위해서 불운한 사람들을 희생해도 어쩔 수 없다는 논리이다. 이런 구도에서 불운한 사람은 동물, 즉 비인간이 된다. 주인공은 이런 사회의 논리를 '도둑질'에 비유하지만, 이를 반성하기보다는 결혼과 법 등 인간사회의 문화를 동일한 논리로 조직해야 한다는 인식을 드러낸다.

여기서 발견되는 조직화의 논리는 자본생산 능력이 있는 사람 위주로 사회를 재편해야 한다는 것이다. 에레혼 마을은 폐병에 걸린 사람에게 사형을 선고할 만큼 가혹한 법 체제를 갖추었으나, 지금은 형벌의 강도가 많이 줄었다. 병자가 돈을 버는 데 성공한다면, "감옥에서 되도록 편하게 지내게 하고", 아파서 수감 비용을 감당할 수 없다면 "오로지 물과 빵만을 제공"(《에레혼》, 139) 하게 되었다. 병자가 자기의 능력을 발휘해서 사회에 기여하는 것이 더 큰 이득이라고 생각했기 때문이다.

이것은 자본주의 시스템의 작동 방식이다. 자본주의란 시장경제에 무한한 확대·성장을 결합한 시스템이다(廣井良典,

2017: 41). 규칙적이고 투명한 수요와 공급의 법칙에 의해 운영되는 시장에 확대·성장을 추구하는 인간의 욕망이 더해져서 자본주의가 완성된다. 우리가 눈여겨 살펴보아야 하는 지점은 성장중심주의다. 앞서 기술했듯, 1970년대 박정희 정권의 성장중심주의는 한편으로는 과학기술과 생산력 향상을, 다른 한편으로는 자본에 대한 개인의 욕망을 만들었다. 나아가 성장중심주의는 시장의 성장만 이룰 수 있다면 비도덕이 언제든 도덕이 되는 사회문화를 만들었다. 에레혼 마을의 법은 바로 이러한 근대의 성장중심주의가 제도화되었음을 보여준다.

'코로나19'로 인해 세계 경제의 위기가 닥쳐오고 우리나라도 역성장의 시대로 접어들어 '공황' 수준의 경제 위기가 몰려올 것이라는 예측을 한다. 상식적으로 언제나 성장만 할 수는 없다. 그런데 왜, 우리 사회는 경제성장에 이토록 민감한 것일까? 사실 경제가 성장해야 하는 이유는 명확하다. 저성장이 이어지면 일자리가 줄어들고 이로 인해 청년실업 등 수많은 문제가 생겨난다는 것은 상식에 속한다. 코로나19 정국의 경제 역성장은 많은 사람에게 재앙과 같은 일이 되고 있다.

하지만 시야를 조금 달리할 필요가 있다. 과학기술이 발전하고 경제가 성장하면서 삶의 질이 거의 모든 면에서 과거보다 나아진 것은 사실이다. 그렇지만 지금 우리는 과거와 비교해서 행복하지 못하다. 앞서 조세희가 일갈했듯, 행복이라는 가치는 경제성장의 수치와 꼭 일치하지 않는다. 이 모순은 왜 생겨나는 것일까? 다시 말해 과학기술의 엄청난 발전과 이에 맞물린 경제성장을 이룩했음에도 우리는 왜, 그다지 행복하지 못한 것일까?

그 근본적인 이유가 바로 에레혼의 법정에서 발견되는 논리이다. 그 논리를 최신 버전으로 말하면 대략 이런 것이다. 학비를 벌기 위해 아르바이트를 할 수밖에 없는 학생이 돈 많은 부모를 만나서 방학마다 해외로 놀러 다니는 친구를 보면서 박탈감을 느끼는 것은 범죄이다. 돈 많은 부모를 둔 친구는 그만큼 사회에 큰 기여를 하는 것이기 때문에 다른 대우를 받아야 한다. 몇 년 전 돈 많은 부모를 두고 말을 타던 어떤 여학생은 돈도 실력이니 가난한 부모를 탓하라고 했는데, 에레혼의 법정은 그보다 한발 더 나가서 가난한 자들을 범죄자로 취급한다. 그래야 경제성장에 큰 공헌을 하는 사람들을 보호할 수 있기 때문이다.

상식적으로 모든 사람이 다 부자가 될 수는 없다. 그러나 우리 사회는 마치 인간이 존재하는 이유가 경제성장의 회로에 익숙해지고, 더 빠르게 회로를 돌리기 위해서인 것처럼 생각한다. 성장중심사회는 광고-소비-계획적 진부화의 순환 고리를 통해 자본의 무한증식을 추구한다(Latouche, 2014). 기업이 더 많은 제품을 생산하고 소비자는 더 많은 제품을 구매하는 것이 경제성장의 동력이기에, 정부는 이런 구조가 멈추지 않기 위한 법을 규정하고 사람들을 독려한다.

이 과정에서 우리의 사고력과 판단력이 어떻게 변화했는지를 인식하는 것이 중요하다. 에레혼 법정의 논리, 즉 경제적 욕망을 위해 죄를 짓는 것은 잠시 부끄러운 일에 불과하며, 사회의 발전이라는 더 큰 목적을 위한 긍정적 행동이라는 논리의 이면을 직시하는 일이 필요하다. 이 속에서 기술과 경제는 발전하지만, 삶은 피로하고 불행할 수밖에 없다. 이 회로를 빠져나와야 행복이 눈앞에 보이지만, 현실은 금융 자본주의의 논리를 이용해 부자가 되려는 사람들로 가득하다. **2**

---

2 근로소득이 아니라 자산소득(주식, 부동산 등의 재테크)을 통해 부자가 되려는 사람들이 급격히 늘어난 이유는 미디어의 발달, 현금 유동성 증대 등 여러 가지 측면에서 생각해 볼 수 있다. 여기서 강조하려는 것은 금융자본

법의 원칙 2: 출산은 범죄이다

에레혼에서 출생은 죄악이다. 산모의 출산은 아이가 커서 감출 수 없을 때까지 은폐되고, 그동안 가족은 은둔생활을 한다. 아이들은 "당신에게 불운이 닥친다 하더라도 본인밖에는 탓할 이가 없"(《에레혼》, 208)다는 점을 인식하고 태어난다. 유복한 집에 태어난 아이는 안락한 삶을 누릴 수 있겠지만, '만약'의 가능성은 매우 낮고 아기가 선택할 수 없는 문제이다. 가난한 집에 태어난 아이는 본인과 부모에게 불행을 안겨줄 뿐이다. 불운을 큰 죄악으로 치는 에레혼의 구조상, 출산은 범죄가 될 수밖에 없다.

우리나라의 합계출산율**3**은 〈그림 2-1〉에서 보듯 2018년 처음으로 1 밑으로 떨어져서, 2019년에는 역대 최저인 0. 92

에 대한 대중들의 관심이 세계적 네트워크와 밀접하게 연관된 삶의 재편과 직결된다는 사실이다. 이제 우리는 더 이상 물질에 대한 욕망을 부끄러워하지 않고 노골적으로 드러낸다. 스마트폰으로 언제 어디서나 편하게 주식창을 열어 볼 수 있는 환경은 금융자본을 공기와 같은 것으로 만들었다. 테크놀로지의 발달이 우리의 내면을 이렇게 귀결시킨 지금의 방향성을 전환시켜야 한다.

3 가임기 여성이 평생 낳는 자녀 수.

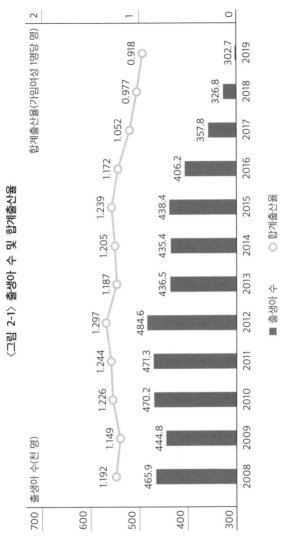

〈그림 2-1〉 출생아 수 및 합계출산율

출생아 수(천 명)

합계출산율(가임여성 1명당 명)

	2008	2009	2010	2011	2012	2013	2014	2015	2016	2017	2018	2019
출생아 수	465.9	444.8	470.2	471.3	484.6	436.5	435.4	438.4	406.2	357.8	326.8	302.7
합계출산율	1.192	1.149	1.226	1.244	1.297	1.187	1.205	1.239	1.172	1.052	0.977	0.918

■ 출생아 수   ○ 합계출산율

출처: 통계청, 〈2019년 출생통계(확정), 국가승인통계 제 10103호 출생통계〉

2. 자본주의 체제의 역설과 기계혁명 65

를 기록했다. 2020년은 사망자 수가 출생자 수보다 더 많아지며 인구 자연감소가 시작되는 원년이 되었다. 왜 젊은 세대는 아이를 낳지 않는 것일까? 한마디로 아이를 낳는 것이 죄이기 때문이다. 2011년 〈경향신문〉 기사에서 처음 언급된 '삼포세대'가 포기한 세 가지가 연애·결혼·출산이었는데, 약 10년의 시간이 흐르는 동안 상황은 더욱 악화되기만 했다. 《에레혼》에서는 만약 과거로 돌아갈 수 있다면 40대 이상은 누구나 태어나지 않는 쪽을 택한다고 단언한다. 출생에서 죽음에 이르는 과정이 다음과 같기 때문이다.

인간은 분명 다양한 단계로 만족할 줄 알고 상당한 행복에 이르기도 한다. 그러나 그것이 인간의 삶에 어떻게 분배되는지에 주목해 보면 그중에서 가장 즐거움이 강한 시절은 삶의 초기에 몰려 있고, 그 후에는 거의 없다. 노년의 비참함의 대가로 구입할 만한 즐거움이 있겠는가? 만약 당신이 착하고 강하며 준수하다면 스무 살에 운이 좋을 것이나, 60대에 이르면 그 운 가운데 얼마나 남겠는가? 당신은 주어진 자산을 활용해서 살아야 하고 영구히 연금을 타 먹을 수는 없다. 범죄나 사고로 급작스럽게 강탈당하는 상황을 모면할 수는 있다 하더라도 결국은 자신의 원금을 조금씩 까먹어야 할 테고 잔고가 점점 더 줄어드는 것을 보면서 고통스러워할 것이다(《에레혼》, 208).

인용문이 이야기하는 나이가 들수록 가난을 실감하며 고통을 느끼는 현실은, 놀라울 만큼 현재 우리의 상황과 일치한다. 부모의 재력이 대학의 간판을 좌우하고 졸업 후 첫 직장을 결정한다. 그렇게 결정된 첫 직장이 평생 지속된다.[4] '조국 사태'가 확인시켜 주듯 정치적 이념 대립의 이면에는 부의 세습이 위치하고 있으며, 그 속에서 보통의 아이들은 부모를 원망하고, 부모는 자신의 무능을 탓한다. 경쟁에서 탈락한 사람들은 고통스러운 현실을 대물림하고 싶지 않아서 아이를 낳지 않는다. 정부가 기회의 공정함을 내세우지만, 애초에 출발선이 다른 상황에서 공정한 기회란 존재하지 않거나, '공정함'이라는 함정에 빠질 뿐이다.[5]

---

[4] 이에 대한 구체적인 내용은 조귀동(2020) 참조.

[5] 비정규직의 정규직 논의나 취업과 관련한 젠더 논의가 부각될 때마다 단골처럼 등장하는 개념이 바로 '공정함'이다. 요지는 정규직-남성이 역차별을 당하기 때문에 공정하지 못하다는 것이다. 이들이 이야기하는 공정이란 비정규직 일자리와 여성이 주로 담당한 무임금 가사 노동이 출현하게 된 배경을 전혀 고려하지 못한 것이다.

상황이 이러니 가난을 극복하기 위해 평범한 사람들은 주식과 부동산 투자에 빠질 수밖에 없다. 투자 주체도 대학생부터 사회 초년생, 가정주부에 이르기까지 광범위하다. 코로나19 사태에 삼성전자 주식에 투자하는 사람들을 대상으로 '동학개미운동'이라는 신조어가 생겨날 만큼, 우리나라 국민의 대부분은 이미 투자자 주체가 되었다.

투자가 나쁘다는 말을 하려는 것이 아니다. 이 시점에서 왜 국민의 다수가 투자자 주체가 될 수밖에 없는지, 그 이유를 따져봐야 한다. 주인공이 교도소에서 에레혼의 수도로 이동해서 거주하게 된 곳은 노스니보르 씨의 집이었다. 그는 증권사에서 일하면서 엄청난 부를 축적하였지만, 만족하지 못하고 더 큰 돈을 벌려다 '선'을 넘어서 교정관에게 치료를 받는 중이다. 금전에 관련한 범죄를 가장 혐오했던 주인공은 노스니보르 씨 집에 묵는 것을 거부했지만, 거부하는 행위가 문제가 된다는 사실을 알고는 곧 수긍한다. 에레혼에서 노스니보르 씨의 행위는 범죄가 아니라 치료가 필요한 일에 불과했으며, 오히려 돈을 벌어들이는 그의 능력이 높게 평가된다.

노스니보르 씨의 모습과 그에 대한 에레혼 사회의 평가는 전 국민을 투자자 주체로 만드는 우리 사회와 많은 부분 겹친다. 그 핵심은 돈에 대한 욕망이 형성되는 구조이다. 에레혼 사회에선 "돈을 사랑하는 것이 모든 악의 근원이라고들 하지만 돈이 부족한 것 역시 마찬가지다"(《에레혼》, 220)라고 말해진다. 현재 우리 사회도 마찬가지다. 정부는 돈(경제)을 위해 법과 제도를 정비하고, 그럴수록 우리는 더 가난해진다. 이 구조를 어떻게 넘어서야 하는지가 관건이다.

금융자본의 통치

자본주의 사회에서 돈이 중요한 것은 사실이지만, 맹목적으로 돈을 숭배하는 사람은 보통 비난의 대상이 된다. 우리는 본성적으로 돈이 최고의 가치가 되어서는 안 된다고 생각하기 때문이다. 그래서 돈을 욕망하더라도 그 욕망을 포장할 수 있는 다른 가치가 필요하다. 이윤창출을 목적으로 하는 기업이 사회적 가치를 내세우는 근본적인 이유도 여기에 있다. 과거에는 더 많은 이윤을 남기는 행위가 미덕으로 인식되었다면, 이제는 기업이 소유한 자본을 사회문제 해결에 사용하는 것이 올바른 길로 여겨지는 것이다.

여기서 주목해야 하는 것이 자본이 작동하는 방식이다. 자본은 총·칼과 같은 물리력을 동원하지 않고, 천천히 우리의 마음을 휘어잡으며 자신을 위해 사람이 존재하도록 만든다. 자본은 크게 두 가지 방식으로 우리를 유혹했다. 먼저 자본은 사회적 가치와 결합했다. 자유주의 페미니즘의 사례를 들 수 있겠다. 자유주의 페미니즘은 사회 전 분야에서 유리천장을 깬 여성 고위직을 소개하고 다수 여성들의 분투를 촉구했다. 하지만 이렇게 선택된 소수의 여성은 자본주의 체제의 문제를 해결하는 것에는 전혀 기여하지 못한다. 자본주의는 이런 가짜 페미니즘을 이용해서 자기의 윤리적 정당성을 강화하기 때문이다. 페미니즘이 상품이 된 것이다(Fraser, Arruzza, & Bhattacharya, 2020). [6] 두 번째로 자본은 문화예술과 결합하여 미적 가치를 장착했다. 상품 디자인의 미적 혁명은 자본과 문화예술이 만나는 통로이며, 소비자들은 새로운 디자인에 매혹되어 상품을 구매한다. [7] 자본은 대중의 미적 취향을 사로

---

[6] 이 책은 2019년 영국, 프랑스, 스페인 등에서 동시에 출간된 다중의 페미니즘을 위한 테제 11가지를 번역한 것이다. 이 중 두 번째 테제가 "자유주의 페미니즘은 파산한다. 이제는 그것을 넘어설 때다"이다.

[7] 1920년대 대량생산 체제가 자리를 잡으면서 광고와 대량소비의 문제가 중

잡으며 그들의 마음을 장악했다.

에레혼 마을의 '음악은행'은 이름부터 예술과 자본이 만나는 공간임을 노골적으로 암시한다. 주인공이 노스니보르 부인과 함께 찾아간 음악은행의 외관은 화려했다. "건물은 상상력과 판단력을 완전히 사로잡았"으며, "이 은행의 통화가 반드시 옳아야 한다는 느낌이 들었다"(《에레혼》, 161). 노스니보르 부인은 "이 나라의 정신은 바로 이 제도에 헌신하며, 이곳이 위험에 처해 있다는 어떤 징후라도 보이면 전혀 예기치 않던 곳에서부터 원조를 받게 될 것이다"(《에레혼》, 163~164)라고 단언한다. 음악은행에는 미적 · 사회적 가치가 동시에 부여되었던 것이다. 에레혼 사람들은 실제로 사용할 수 없는 음악은행의 돈을 타인에게 보여 주기 위해 몇 개씩 가지고 다니며 은행의 존재에 대한 신뢰와 믿음을 보냈다. 또 실제 통용되는 돈이 음악은행의 돈에 비해 별 볼 일 없어져야 한다고 말하기도 한다.

하지만 음악은행은 이자, 배당금도 허용하지 않으며, 장난

요한 화두로 떠올랐다. 특히 광고 산업의 성장은 예술의 상업화를 만든 중요한 계기가 되었다. 예술이 광고 후원을 받으면서 두 영역의 교류가 생겨난 것이다(Ewen, 1998).

감과 비슷한 화폐를 발행할 뿐이다. 에레혼의 사람들은 익명으로 음악은행에 반대하는 기사를 기고했으며, 주인공이 목격한 음악은행의 출납원과 매니저들은 고통스럽고 침울한 모습을 하고 있었다. 왜, 에레혼 사람들은 음악은행과 관련하여 이중적인 모습을 보여 주는 것일까? 주인공은 음악은행의 존재를 목격하고는 영국의 상업 관련 법 제도를 떠올린다.

영국에서도 이와 비슷한 사태가 벌어지고 있으며, 특히 상업 체계와 관련해서 모든 국가에 국가법과 더불어 또 다른 법이 존재해 왔는데, 이 법은 더욱 신성하다고 공언되지만 사람들의 일상생활과 행동에 미치는 영향력은 훨씬 덜하다. 인간의 깊숙한 본성은 어떤 법이 국법보다 우위를 차지하거나 심지어 상충해야 할 필요가 있다고 느끼는 것 같다(《에레혼》, 171).

영국에는 국가의 법과 또 다른 법이 존재한다. 국가의 법이 사회를 지배하는 실정법을 의미한다면, 또 다른 법은 실정법보다 신성하고 우위에 있어야 하지만 현실에 미치는 영향력은 상대적으로 덜하다. 국가의 법이 경제성장의 목표와 맞닿아 있다는 사실을 고려한다면, 그것과 다른 법이란 경제 논리로 소급되지 않는, 즉 예술의 세계와 연결되는 것이다. 바로 음악은행의 존재가 또 다른 법을 상징한다. 인간의 본성과 정신에 영향을 미치는 존재로서 음악은행은 신성한 것이다. 에레혼 사람들은 경제적 역할을 전혀 담당하지 못하는 음악은행의 존재에 알 수 없는 신뢰를 보냈지만, 음악은행에 대한 반감 또한 가지고 있었다. 겉으로 드러내기 어려운 어떤 불만이 있기 때문이다. 이 모순과 불만의 이유에 주목해야 한다. 여기에는 근대 인간과 자본의 관계가 반영되어 있기 때문이다.

에레혼 사람들의 양가적 태도는 에레혼 사회가 음악은행을 통해 돈에 대한 욕망을 굳이 감출 필요가 없게 되었음을 의미한다. 에레혼의 하층계급에서는 열 살 정도가 되면 돈을 벌기 위해 무언가를 해야 했으며, 어떤 사람이 1년에 2만 파운드 이상의 수입을 얻으면 그를 예술작품으로 간주했다. 주인공은 이런 에레혼 마을을 목격하며 "재산이 없는 이가 오히려 더 천국에 들어가기가 힘들겠다고 생각하게 되었다"(《에레혼》, 219). 부자가 선이 되는 사회에서, 더 이상 부자가 되고 싶다는 욕망을 감출 필요는 없다. 그래서 "수도 인구의 90퍼센트가 이 은행을 경멸 어린 시선으로 보고 있다"(《에레혼》, 172). 더 이상 '음악은행'이라는 우회로가 필요 없을 만큼 자본이 마

〈그림 2-2〉 2001년 BC카드 광고의 한 장면

을 사람들의 내면을 장악하게 된 것이다.

자본의 직접 통치가 가능해진 에레혼의 현실은 금융 자본주의 체제하에서 살아가는 우리의 삶을 떠오르게 한다. 금융 자본주의는 전 세계적 연결망을 통해 이동하는 돈이 일상을 직접 지배하는 체제다. 국가는 경제성장을 위해 대출을 권하고, 사람들은 '레버리지leverage' 투자로 큰 수익을 내기 위해 고민한다. 자기의 노후와 자식의 미래까지 걱정하는 사람들의 인생 목표는 투자를 통해 근로소득 이외의 '파이프라인'을 더 만드는 것이 되었다. 2001년 배우 김정은이 BC카드 광고에서 "부자 되세요"를 외치며 히트를 친 뒤, 20여 년 동안 달려온 우리 사회의 종착지는 이런 것이다. 경제적 자유를 위해 돈의 흐름을 연구하고 투자하여 성공하는 삶이 모두의 로망이 된 사회에서, 이를 쫓지 않는 사람은 가난한 삶을 살며 사회에서 도태될 뿐이다. 1970년대에는 성실히 일하지 않고 부동산 투자를 하는 사람을 비난하는 '노동에 대한 소명의식'이 사회적 가치였다면, 이제는 성실히 일하면서 투자를 하지 않는 사람이 바보가 되는 사회가 되었다. 이런 사회에서 자본에 대한 욕망을 정화시키는 음악은행과 같은 존재는 더 이상 필요하지 않을 것이다.

비이성의 대학

에레혼의 비이성 대학은 '불일치'와 '회피'를 학생들에게 가르친다. 불일치는 이성과 행동의 괴리다. 다시 말해 이성적으로 올바르다고 생각하는 일을 회피할 때 생겨나는 것이 바로 불일치이다. 가난하다고 차별하면 안 된다는 판단은 이성적이다. 하지만 임대아파트에 사는 아이들과 자신의 아이가 함께 어울리지 못하게 하는 부모가 존재한다. 그 부모는 이성적 인식과는 별개로 비이성적 행동, 즉 불일치와 회피를 하는 것이다. 비이성의 대학은 바로 이런 불일치와 회피가 일상이 되는 사회를 만드는 제도이다.

비이성의 대학은 경쟁하지 않고 의도적으로 실수를 하는 사람을 만들기 위해 노력한다. "과도한 지성 탐닉이야말로 과잉의 여러 형태 중에서 가장 은밀하고 불명예스럽다."(《에레혼》, 236) 자신이 완벽하게 알지 못하는 분야는 무조건 피하는 교수, 다른 사람들의 의견에 완벽히 동의하지도 반대하지도 않는 교수의 존재는, 비이성 대학의 목표가 초록동색草綠同色의 사람을 양성하는 것에 있음을 짐작하게 만든다. 쉽게 말해 튀지 않고 중간만 유지하는 사람을 만드는 것이 대학의 과제이다. 왜 이런 존재가 필요한 것일까? 이번에도 주인공은 비이성 대학과 영국 대학의 유사함을 느낀다.

영국에서 언론이 눈부시게 발전한 것과, 영국의 학문의 전당이 무엇보다도 보통의 평범함을 육성하는 것을 목표로 삼는 이유는 정신적인 발전을 격려하느니 제어하는 편이 필요하다는 점을 우리들이 무의식적으로 인정하고 있기 때문이다. 이것이 바로 우리의 학문적 주체들이 해내는 일이며, 주체들은 오로지 무의식적인 동기로 일을 해내기 때문에 더욱 효과적이다(《에레혼》, 238).

주인공은 영국 대학이 인간의 정신적 발전을 제어하면서 평범함을 육성한다고 평가한다. 남들과 차별화된 사고를 통해 통념을 부수고 새로운 학문 영역을 개척하는 사람이 아니라 남들과 똑같은 사고를 하는 인간을 만드는 것이 대학의 목표이다. 이는 뒤집어 말해 대학이 자본주의 체제에 동화되는 인간을 만들기 위해 시민의 통찰력과 비판의식을 억압하고 있음을 뜻한다. 에레혼 마을의 법 문화를 비판적으로 인식할 존재가 탄생할 여지조차 두고 있지 않은 것이다.

비이성의 대학에서 가르치는 학문과 인간형은 지금 이곳 대학교육의 은유로 어렵지 않게 독해할 수 있다. 가장 먼저 발견되는 유사점은 대학이 경제 논리에 수렴되어 버렸다는 점이다. '기업대학'에 대한 수많은 연구가 보여 주듯 현재의 대학은 자본화된 모습을 부끄러워하지 않는다.[8] 취업이 대학생들의 지상과제가 된 상황에서 대학과 기업의 연대는 큰 문제가 아닐 수 있다. 어떤 면에선 대학이 기업과 연계하여 학생들의 취업에 신경을 쓰는 것이, 이 시대 대학의 숙명이기도

---

[8] 대표적으로 서보명(2011); Donoghue(2014); 오찬호(2015); 고부응(2018) 등을 들 수 있다. 이 밖에 관련 논문과 보고서는 너무 많아서 열거하기가 어려울 정도이다.

하다.

　문제는 대학-기업-정부의 긴밀한 협력 관계 속에서 개인의 특이성이 억압되는 구조이다. 대중을 지배하고 있는 의식 중 하나가 명문대학에 진학해야 한다는 것이다. 명문대학 입학이 곧 연봉이 높은 직장을 보장해 줄 것이라는 믿음이 있기 때문이다. 직군별 격차가 갈수록 벌어지는 현실에서 명문대학 입학은 미래를 결정해 버리는 중요한 일이다.[9] 그래서 학부모들은 강남에 입성하기 위해 온갖 노력을 하고, 강남의 집값은 하늘을 향해 달려간다. 이런 복잡한, 또 어찌 보면 간명한 연결고리 속에서 개인의 특이성은 억압되어 사라지고, 안정된 직장을 얻어야 한다는 공통의 과제만 남게 된다.

[9] 하지만 이 믿음은 인구절벽과 산업구조의 변동 속에서 점점 사실과 다른 것이 되어 갈 것이다. 이에 대해서는 조영태(2016)를 참조.

'기계혁명'의 이면

우리는 이제 주인공이 에레혼 마을에 처음 도착해서 시계를 빼앗기고, 에레혼 사람들이 시계를 혐오와 경멸의 시선으로 응시한 이유를 살펴보아야 하는 단계에 이르렀다. 어쩌면 지금까지의 논의를 통해 에레혼 마을에 기계가 사라진 이유를 짐작할지도 모르겠다.

인간이 자연을 정복의 대상으로 여기고 진보라는 이름으로 자본증식에 몰두할 수 있었던 힘의 원천이 바로 기계에 있다. 기계는 지금까지 살펴본 비이성의 문화를 탄생시킨 근본인 셈이다. 주인공은 비이성의 대학에서 가져온 논문을 번역하며 에레혼 마을에서 기계혁명이 일어난 이유를 알아 간다.

논문의 저자는 기계 자체가 아니라 "현재의 모습에서 완전히 다른 것이 되어가는 놀라운 속도가 두려울 뿐이다"(《에레혼》, 252)라고 한다. 기계가 인간의 일자리를 빼앗는 것에 대항하여 발생한 '러다이트 운동'이 상징하듯, 19세기에는 기계라는 물건 자체가 두려움의 대상이었다. 하지만 작가는 논문의 형식을 빌려서 기계 자체가 아니라 그 발전 속도에 주목한다. 속도란 저절로 빨라지지 않는다. 기계의 속도에는 인간의 욕망과 그 욕망을 실현할 수 있는 기술의 도움이 필요하다. 기술력 확보를 위해서 막대한 자본이 필요한 것은 당연한 이치다.

하지만 논문에서는 기계가 자본이나 기술과 맺는 관계에 대해 질문하지 않고 인간과 기계, 그리고 동·식물의 자동화 현상에 주목한다. 저자에 따르면 기계도 의식을 가지고 있으며, "인간은 기계로 만들어진 존재이기도 하다"(《에레혼》, 257). 심지어 저자는 "식물이 기계적으로 파리를 먹이로 삼는다고 말한다면, 그 식물에게는 우리 인간이 기계적으로 양을 죽이고 먹는 것으로 보이지 않을까?"(《에레혼》, 248) 라는 질문을 던지며, 식물과 인간의 차이까지도 없다고 주장한다. 이런 논리에 따르자면, 인간은 고유성이 사라지고 주어진 환경에 프로그래밍된 패턴으로 반응하는 존재가 된다.

숨 쉴 공기가 우리 동물의 삶에 필요하듯이 기계의 사용은 우리 문명에 필요하며, 그 힘에 의해 인구수가 늘어났다. 기계에게 영향을 미치고 기계를 만든 것이 인간이듯이, 인간에게 영향을 미치고 인간을 인간으로 만드는 것은 바로 기계다(《에레혼》, 275).

인용문은 인간과 기계가 어떻게 프로그래밍되어 사회를 발전시켰는지에 대한 인식이다. 인간은 기계의 도움으로 문명사회로 진입하였으며, 기계의 도움으로 인간으로서 자기의 지위를 마련했다. 조금 더 구체적으로 말하자면 "기계는 인간이 영적인 것보다 물질적인 이익을 훨씬 더 선호하는 성향을 착취하여, 어느 종족의 진보에도 필요한 투쟁과 전쟁의 요인을 제공한다"(《에레혼》, 258). 이를 문명 발전의 논리라고 할 수 있다면, 논문의 저자는 그 속에서 인간과 기계가 물질적 이익을 위해 시계의 톱니바퀴처럼 긴밀하게 협력했다는 점을 강조하는 것이다. 이 과정에서 인간은 자본주의 문명사회의 문법에 기계적으로 따르는 존재가 되고 만다. 10

따라서 기계와 인간의 차이가 없어지는 현실이 도래한 것은 당연한 결과이다. 인간은 노동 생산성이나 효율성 면에서 기계의 적수가 될 수 없기 때문에, 기계의 존재는 인간에게

---

10 논문의 저자는 인간이 기계가 된 사례로 증기 기관차와 그 운전사를 거론한다. 우리는 보통 증기 기관차는 정해진 레일을 따라 이동하는 기계로, 운전사는 자기 의지로 기차의 방향을 결정하는 주체로 생각한다. 하지만 운전사는 정해진 목적지에 시간 맞춰 기관차를 운전해 가야 한다는 점에서 정해진 철로를 따라가는 기계와 큰 차이가 없다는 것이다. 이는 사회의 정해진 코드에 따라 자기 삶을 살아가는 우리의 모습을 상기시킨다.

큰 위협으로 다가온다. 논문의 저자는 이러한 현실을 다음과 같이 표현한다.

기계는 인간에게 자기 후손을 재생산하고 교육시키고 또한 하인으로서 자신에게 봉사하라고 요구할 것이다. 또한 기계를 위해 음식을 구해서 먹이고, 아프면 다시 건강하게 고쳐주고, 죽으면 묻어 주거나 새로운 형태의 기계로 만들기를 요구한다. 기계의 발전을 추동하는 원동력 때문에 인간의 삶이 노예화되고 비참해질 가능성은 배제된다. 노예는 훌륭한 주인만 있으면 참을 만한 정도로 행복해하며, 혁명은 우리 시대에나 10만 년 뒤, 또는 그 열 배의 시간이 흐른 뒤에도 일어나지 않을 터이다 (《에레혼》, 276).

인용문에서 저자는 어느 순간 인간이 기계의 노예가 되어서 스스로 생각하지 못하는 수동적 주체가 되어 가는 상황을 비판한다. 이런 측면에서 인간은 자신이 길들인 동물과 다를 바 없는 존재가 된다. 적당히 먹을 것을 주고 입을 수 있는 옷만 준다면 굳이 사회를 비판하지 않기 때문이다. 이것이 바로 습관과 일상의 영역이다. 싼 가격에 옷과 음식을 제공해 주고, 멀리 있는 사람과 실시간 연결을 가능하게 해주는 등 기계의 장점에 익숙해진 우리의 모습을 떠올리면 이해하기 쉽다. 우리는 스마트폰의 노예로 산다는 말을 입버릇처럼 하고 살지 않는가. 이러한 논의 끝에 저자는 "나는 태고에 내 조상이 인간이 아니었다고 믿는 두려움에 움츠러들 듯, 나라는 인종이 대체되거나 초월될 수 있다고 믿는 두려움에도 움츠러든다"(《에레혼》, 277)고 얘기한다.

하지만 이러한 판단에는 결정적인 문제가 있었다. 기계의 발전 속도에 대한 공포만이 존재할 뿐, 기계가 인간의 내면에 접속하는 매개로서 자본에 대한 인식이 간과되기 때문이다. 다시 말해 기계의 발전 속도가 만들어 낸 새로운 삶의 기준점으로서 자본을 고려하지 못한 것이다. 그래서 마을에서 모든 기계를 제거했지만, 여전히 자본에 대한 인간의 욕망은 남게 된다. 기계혁명이 일어난 이후에 에레혼 마을에 비이성 문화가 양성되고 자본에 대한 욕망이 깊게 자리 잡게 된 이유가 바로 여기에 있다. 에레혼 사람들은 기계 자체가 아니라 기계를 타고 흐르는 자본이 위협적 대상임을 인식하지 못한 것이다.

소설의 결론에서 주인공은 런던으로 돌아가서 에레혼을 탐험할 단체를 구성한다. 자금과 사람을 모아서 에레혼 마을을 정복하고, 마을 사람들을 퀸즐랜드의 사탕수수 지배인들에게 넘길 계획을 세운다. 소설의 초반부에 주인공이 품었던 돈을 많이 벌고 싶다는 욕망을 달성하기 위해 에레혼 마을을 식민지로 삼기로 한 것이다. 이 과정에서 주인공은 "에레혼 사람들의 영혼을 구원하는 동시에 본인의 주머니도 채울 수 있다는 편안함"(《에레혼》, 325)을 주기 위해, 종교적으로 신실한 사탕수수 재배자의 집에 에레혼 사람을 위탁시키는 치밀함도 잊지 않는다. 이렇게 기계를 파괴한 에레혼은 기계문명을 소유한 영국의 식민지로 전락하게 될 것이다.

결론적으로 마을에서 모든 기계를 제거한 기계혁명은 근대사회에서 기계가 어떻게 작동하는지를 전혀 파악하지 못한 행동이었다. 에레혼 사람들이 기계를 제거할 것이 아니라 기계와 인간의 친밀성을 다른 방식으로 상상할 수 있었다면, 기계문명을 소유한 영국 사람들의 식민지가 되는 운명을 피할 수 있었을지도 모른다. 《에레혼》은 기계와 인간의 새로운 관계는 어떻게 형성되어야 하는지를 우리에게 과제로 남겨준 것이다.

《에레혼》은 근대 자본주의의 미래를 예견한 작가의 통찰이 돋보이는 작품이다. 에레혼 마을과 영국 사회를 교차하며 강조되는 '비이성의 문화'는 4차 산업혁명이라는 새로운 기계혁명의 시대를 살아가는 우리의 일상에서도 쉽게 발견되는 현상이다. 이렇게 볼 때, 포스트 휴먼 되기의 시작은 바로 자기의 모순을 직시하는 일이다. 그리고 기계를 파괴하는 것이 아니라, 자연과 인간의 이분법을 해소하는 것에 기계가 어떤 역할을 할 수 있을지를 고민해야 한다. 다시 말해 기계를 물질이 아닌 무엇과 연결해야 '에레혼'이란 이름의 역설이 사라질 수 있을지 질문해야 한다.

어떤 기계를 만들 것인가?

들어가며 — 알렉산드르 보그다노프, 〈붉은 별〉, 〈엔지니어 메니〉

3장에서는 러시아의 혁명가이자 작가 알렉산드르 보그다노프의 소설 〈붉은 별〉, 〈엔지니어 메니〉를 다룬다. 〈붉은 별〉은 지구의 사회주의자 레오니드(레니)가 화성인들과 사회주의 국가인 화성으로 이동해서 화성의 역사와 언어, 문화를 경험하는 서사를 담고 있다. 이 과정에서 작가가 두드러지게 강조하는 것은 화성의 자연환경과, 지구인 레니와 화성인 네티 사이의 사랑이다. 화성의 자연환경은 화성인들이 살기에 적합하지 않았지만, 그로 인해 화성인들은 지구인들에 비해 압도적으로 우수한 기술력을 갖추고 있었다. 생존을 위해 자연과 공존해야 하는 그들의 운명이 만든 결과인 셈이다.

〈붉은 별〉의 또 다른 축인 레니와 네티의 '사랑'은 보그다노프의 혁명관을 보여 주는 언어이다. 이들의 사랑이 혁명인 이유는 민족과 성性을 초월하여 이루어지기 때문이다. 다시 말해 그들의 사랑은 동일 집단을 구축하는 사랑이 아니라 동일성을 파괴하는 사랑이라는 점에서 의미를 갖는다.

조금 더 구체적으로, 화성과 지구라는 차이를 넘어선 레니와 네티의 사랑은 《에레혼》에서 드러난 자본의 역설을 뛰어넘고 차이를 인정하며 함께 살아가는 모습을 상상하게 만든다. 그들의 사랑에서 경제적 격차는 고려의 대상조차 되지 못하기 때문이다. 〈붉은 별〉 이전의 이야기를 담고 있는 〈엔지니어 메니〉에서는 화성인 네티와 그의 아버지 메니 사이에 벌어지는 상상력과 노동의 관계에 대한 논쟁을 통해 사랑의 조직론을 조금 더 명확하게 보여 준다.

한때 자본주의를 대신할 이념으로 평가받았지만, 이제는 아무도 관심을 주지 않는 사회주의를 이대로 버려두어도 되는 것일까? 어쩌면 사회주의에는 미래를 새롭게 상상할 수 있는 동력이 숨어 있는 것 아닐까? 일상과 습관의 혁명을 담고 있는 〈붉은 별〉과 〈엔지니어 메니〉에서 이에 대한 답을 찾아보자.

근로소득 vs 자산소득

언제부터인가 일자리 문제는 세대를 초월한 모두의 관심사가 되었다. 일자리에 대한 논의는 2010년대 초반의 일자리를 둘러싼 아버지와 아들의 '세대전쟁론'을 거쳐 4차 산업혁명 시대 '일자리 소멸론'까지 조금씩 변주되어 왔지만, 생계와 직결된다는 점에서 언제나 가장 중요한 이슈였다. 정권마다 일자리 문제는 시급히 해결해야 할 과제였다. 하지만 상황은 그다지 나아지지 않았다. 2010년대 이후 정부는 일자리 문제에 지속적인 관심을 가져 왔지만, 왜 상황은 좋아지지 않는 것일까?

가장 큰 문제는 노동 형태와 이를 둘러싼 사회구조가 변화하고 있음에도, 여전히 근대의 노동 개념에 붙잡혀 있는 것이다. 고대 사회에서 노동은 노예나 여성이 담당하는 사적 영역이었으며, 일은 남성이 공적 영역에서 자기의 사회적 가치를 확인하는 매개였다. 노동은 비인간이 담당하는 소모적인 행위에 불과했으며, 일은 인간의 사회화를 증명하는 수단이었던 셈이다. 근대사회에서는 이런 공·사의 구분이 사라지고, 사적 영역으로 치부되었던 노동이 공적 지위를 확보하게 되었다. 노동을 대가로 임금을 받고 소비하는 주체로서 자기를 인식하는 패러다임이 생겨난 것이다(Dunlop, 2018). 그러나 중요한 사실은 가사 노동을 담당하는 여성은 돈을 받는 생산 활동을 하지 않는다는 이유로 여전히 비가시적 존재로 취급되었다는 점이다.1 근대사회에서는 생산 활동의 여부로 공·사의 위계를 고착화시킨 것이다.

하지만 '인지 노동', '비물질 노동' 개념2이 상징하는 네트워

---

1   식민지 조선에서 노동 개념의 해석과 배치의 역사를 살펴본 김현주에 따르면, 1910년대에 노동은 개인-사회-국가라는 개념 체계 속에서 인식되었다. 또 노동은 한 사람의 본래 능력이자 신성한 의무로 여겨지기 시작했다. 노동자는 개인-사회-국가라는 부르주아 계몽주의 정치학의 체계에서 자기를 구축한 것이다(김현주, 2008). 이럴 때 노동하지 못하는 인간은 근대사회에서 시민권을 얻지 못한 인간 바깥의 인간으로 전락하게 된다.

2   인지 노동, 비물질 노동이란 개념은 테크놀로지의 발달로 인해 인간의 감정과 지식, 문화 등 비물질적인 형태의 생산물을 만들어내는 노동을 의미한다. "우리 시대에 자본주의는 비물질적인 것들, 즉 지식과 문화, DNA, 방송파, 심지어 아이디어를 울타리 치고 상품화한다. 궁극적으로 우리 시대에 자본주의를 추진하는 힘은 모든 공유지의 박멸과 모든 것의 상품화인 것이다"(Bauwens & Kostakis, 2018: 47~48).

크 시대로의 진입은 노동 시장의 형태를 변화시켰다. '플랫폼 노동', '감정 노동'과 같은 새로운 노동 형태가 등장했으며 급변하는 노동 시장에 대응하기 위한 비정규직 노동이 일상화되었다. 자신의 가장 내밀한 감정 상태까지 노동력으로 판매해야 하는 상황은 공·사의 경계가 더 이상 존재할 수 없다는 것을 의미했다.

이 과정은 금융자본이 우리 사회 전반을 지배한 시간이기도 했다. 네트워크를 타고 돈이 흐르면서 우리나라에도 세계의 자본이 들어오기 시작했다. 국면마다 다소 부침은 있었으나 부동산과 주식의 가격은 꾸준히 상승했으며, 이는 보통 사람들도 '대출'을 받아서 집과 주식을 사는 문화를 만들었다. 이는 곧 근로소득만으로는 살아가기 어려운 시대로 진입했음을 의미한다. 정부는 경제성장을 위해 이 모든 과정을 승인하거나 적어도 묵인했다.

과거에 인간은 기계 앞에 앉아서 일을 반복하고 그 대가로 월급을 받아 생계를 꾸렸다. 그러나 금융자본의 힘이 거세진 현재는 이 같은 방식의 생계유지가 불가능하다. 시장에서 상품의 가격이 자산소득을 기준으로 결정되기 때문에, 근로소득만으로는 구입하기 어려워졌다. 예를 들어 현재 10억을 훌

쩍 넘어선 서울 아파트 가격은 자산이 많은 사람들이 은행에서 대출을 받아 대량으로 구매했기 때문에 형성된 것이다. 여기에 부동산 투자가 돈이 된다는 사실을 인지한 사람들이 베팅을 하고 이에 불안감을 느낀 평범한 사람들이 무리한 구매를 하게 되면서 아파트 가격은 계속 올라갔다.

부모를 잘 두거나 대기업에 취직하지 못한 보통 청년들의 결혼과 출산을 어렵게 만드는 이유도 바로 여기에 있다. 처음부터 어느 수준 이상의 자산을 가지고 있는 사람들과 그렇지 못한 사람들의 격차는 시간이 갈수록 벌어질 수밖에 없다. 그래서 이제는 평범한 사람들까지 자산소득을 늘리기 위한 대열에 합류한다. 이것이 미래에 자기와 가족을 지킬 수 있는 유일한 방법이라고 믿기 때문이다.

이 변화를 읽어 내는 것이 중요하다. 네트워크 시대, 네그리와 하트가 '제국'이라고 부른 우리 사회는 전 세계적으로 구축된 금융·유통망을 통해 실시간으로 연결된다. 데이터나 지식, 문화 등이 자본화되는 우리 시대에는 기계에서 일탈하는 순간이란 없다. 우리는 잠자는 순간까지도 기계에 접속되어 신체 데이터를 축적한다. 크리스티안 마라찌는 '소통은 노동이다'라는 명제로 포스트 자본주의 시대 노동의 방식을 정의한다(Marazzi, 2014). 연결망에 접속해서 정보와 끊임없이 소통하는 것이 노동의 중요한 덕목인 시대에 접어든 것이다.

자산소득이 근로소득보다 훨씬 빠르게 성장하는 사회에서 노동의 의미는 과거와 같을 수 없다. 소통마저 자본획득의 수단이 되어 버린 사회. 테크놀로지의 비약적인 발전이 소득불평등과 행복 지수 악화로 귀결된 것이 현실의 모습이다. **3**

2017년 비트코인 광풍을 기억할 것이다. 잠을 포기하고 스마트폰을 들여다봤던 수많은 비트코인 폐인들은 세계적 소통망이 우리의 신체와 욕망에 어떤 영향을 미칠 수 있는지를 상징적으로 보여 준다. 정부가 가상화폐 규제를 시작하자 청와대 국민청원에 "정부는 단 한 번이라도 행복한 꿈을 꾸게 해본 적 있습니까"라는 글이 올라왔다. 가상화폐가 국민에게 '행복'과 '꿈'을 주었다는 글에 20만 명 넘는 시민이 동의했다. 이것은 무엇을 의미하는 것일까? 가상화폐로 꿈을 꾸었던 사람들을

---

3 한국의 지니계수는 1996년 0.3033(시장소득 기준)에서 2006년 0.3583, 2016년 0.4018로 꾸준히 증가했다. 소득 5분위 배율(최상위 20%의 평균 소득을 최하위 20%의 평균 소득으로 나눈 값)은 1997년 3.80배에서 1998년 4.55배, 2018년 4분기에는 5.47배로 뛰었다. 대부분의 지표가 최근 20년 한국사회에서 소득불평등이 심화되었음을 보여 준다.

비난하는 것은 문제의 본질을 전혀 이해하지 못한 행동이다.

그럼, 어떤 다른 대안이 있는 것일까? 최근 정부가 자산가치의 비정상적 상승을 잡기 위한 제도적 보완책을 내놓고 있다. 환영할 일이다. 그런데 자산소득이 급등하는 현실의 이면을 들여다볼 필요가 있다. 우리는 자산소득 증가 현상이 테크놀로지의 발달과 연결되는 전 세계적 현상이라는 점을 기억해야 한다. 다시 말해 기술의 발전과 자산소득의 급등이 밀접하게 연관되어 있다면, 노동에 대한 전통적인 시각으로 접근해서는 문제의 본질을 해결할 수 없다. 이제 우리는 일이 인간과 맺고 있는 경제적, 사회적, 심미적 측면을 전면적으로 재검토해야 하는 시점에 도달한 것이다. 이를 살피기 위해 20세기 혁명기 러시아에서 발표된 〈붉은 별〉과 〈엔지니어 메니〉를 읽을 필요가 있다.

혁명의 두 가지 방식

〈붉은 별〉과 〈엔지니어 메니〉의 저자 보그다노프는 레닌에서 스탈린으로 이어지는 소비에트 러시아의 혁명 역사에서 배척된 인물이다. 지식인 중심의 혁명론을 내세웠던 레닌과 삶-문화의 변화를 주장한 보그다노프의 차이가 좁혀지지 못하고, 결국 보그다노프가 조직에서 축출되었기 때문이다.[4] "레닌이 말하는 정치, 현실성, 실천성은 모두 근대적 권력이라는 틀 내의 것"이며, "보그다노프가 말하는 문화는 '삶'의 관점에서만 온전히 파악될 수 있다"(정남영, 2019: 69). 다시 말해 레닌의 혁명론이 합리성과 효율성의 지표 아래, 지식인 주체에서 대중으로 교의를 전파하는 것이라면, 보그다노프는 일상을 살아가는 대중들의 감정과 인지능력 전반을 바꾸는 방법을 추구한다. 이번 장에서 살펴볼 SF소설 〈붉은 별〉과 〈엔지니어 메니〉는 보그다노프의 혁명관을 보여 주는 작품이다.

〈붉은 별〉은 지구의 사회주의자 레니가 화성인들과 화성에

---

[4] 보그다노프의 생애와 소비에트 러시아에서의 위치, 〈붉은 별〉, 〈엔지니어 메니〉에 대해서는 최진석(2017a) ; 최진석(2017b) ; 정남영(2019) 을 참조.

가서 다양한 문화를 목격하며 화성인 네티와 사랑을 나누고, 다시 지구로 귀환하는 서사이다. 저자의 이력을 반영하듯 화성도 사회주의 국가로 묘사되고 있는 점을 고려한다면, '사회주의 서사'라고 명명할 수도 있다. 하지만 〈붉은 별〉은 대립과 투쟁으로 귀결되는 일반적인 사회주의 서사를 따르지 않는다. 이 소설에서 전면에 드러나는 것은 '과학기술'과 '사랑'이라는 코드다. 이 점은 소설의 초반 지구에서 레니가 아내와 대립하는 과정에서 다음과 같이 암시된다.

> 그녀는 의무감과 희생정신에 입각해 혁명에 가담한 반면, 나는 나 자신의 자유의지로 참여하였다. 그녀는 프롤레타리아의 높은 도덕성에 만족했기 때문에 그들의 거대한 움직임에 동참하였으나, 그녀가 고려한 이 같은 사항들은 내게 낯선 것이었다. 나는 단순히 인생을 사랑했고 인생이 가능한 한 활짝 만개하길 바랐으며, 이 같은 사항들은 내게 낯선 것이었다(〈붉은 별〉, 13).

아내와 레니는 사회주의를 이해하고 운동에 참여하는 이유에서 큰 차이를 보인다. 아내가 프롤레타리아 계급 주체의 도덕적 우위와 의무감을 강조한다면, 레니는 자기의 삶과 행복에 주목한다. 레니가 사회주의 운동에 참여한 이유인 '사랑'과 '자유의지'는 언제든 부르주아적 담론으로 이해될 수 있다. 실제 볼셰비키들에게 보그다노프는 부르주아 지식인이라는 비판을 받았으며, 우리의 인식도 이와 크게 다르지 않다. 사랑과 자유의지 등과 같은 언어를 자본주의 체제로부터 꺼내서 원래의 자리에 가져다 놓을 필요가 있다. 그럴 때 전통적인 사회주의가 아닌 다른 사회주의의 현재화 가능성이 실현될 수 있기 때문이다.

짐작하듯 레니는 보그다노프의 혁명론을 대리하는 인물이다. 사랑과 자유의지가 혁명론의 심층을 이룬다면, 표층을 구성하고 있는 것은 과학기술이다. 레니는 전자와 물질에 대해 연구하는 과학자이고, 네티는 화성을 이끌어 나가는 엔지니어였으며 네티와 함께 지구에 왔던 화성인 대부분도 의료·과학 분야에서 일을 하고 있었다. 화성(인)과 지구(인)의 공통점이 바로 과학기술에 깊은 관심을 가지고 연구하고 있다는 점이다.

그럼 사랑과 과학기술은 어떤 연관성을 가지고 있는 것일까? 이는 러시아 혁명기 과학과 문화에 대한 보그다노프와 레닌의 대립 구도를 살펴보면 분명하게 드러난다. 레닌에게 과학기술이란 문화의 발전을 위해 습득해야 할 대상이다. 정치적인 면에서 레닌은 서구 자본주의 체제와 대립했지만, 문화적 측면에서는 서구의 지식은 배우고 자기화해야 하는 것이다.[5] 생산력 발전이란 목표를 위해서 서구의 기술력이 꼭 필요하기 때문이다.

보그다노프는 이런 주류 운동가 담론과 거리를 두고 일상의 습관이나 대중들의 인식체계와 같은 생활 세계의 변화를 주장했다. 생산(력)이나 토대-상부구조론이 아니라 사랑, 자유의지 등과 같은 일상에 좀더 가까운 언어를 쓴 이유가 바로 여기에 있었다. 과학기술이 미래 사회에서 인간의 생활을 결정할 것이라는 사실을 레닌과 공유했지만, 과학을 무엇과 결합시킬지에 대해서는 차이를 보인 것이다. 레닌이 선택한 길에서 과학기술은 노동과 결합하여 생산력 향상을 이룬다. 반면 보그다노프의 세계에서 과학은 사랑이라는 언어와 결합하여 노동의 의미를 새롭게 구축한다. 이것의 구체적 함의를 파악하기 위해서는 먼저 자연과 기술의 관계에 대해 이해할 필요가 있다.

---

5   최진석(2019) 6장 논의를 참조.

자연과 과학기술을 대하는 차이

근대 문명은 자연을 개발의 대상으로 여기며 발전했다. 자연
은 인간에게 공짜 상품을 전해 주는 보물과 같은 존재였다.
인간은 기술의 힘으로 자연에서 더 많은 상품을 채취하며 근
대 문명사회를 만들어왔다. 자연과 인간의 이분법은 최근 의
문에 붙여졌지만, 근대의 발전과정에서 사회주의도 공유하는
사고체계였다. 보그다노프는 화성과 지구의 자연을 비교하며
다음과 같이 말한다.

> 화성에는 지구의 넓은 바다나 건널 수 없는 산등성이가 없지요.
> 우리의 바다는 크지 않고, 대륙을 완전히 분리시키지도 않습니
> 다. 몇몇을 제외하면 우리의 산은 높지 않아요. 우리 행성의 전
> 체 표면은 지구의 4분의 1밖에 되지 않습니다. 중력의 힘은 2와
> 2분의 1배 적어서 우리는 가벼워진 몸으로 인간이 만든 교통수
> 단 없이도 꽤 빠르게 움직일 수 있게 되었죠. 우리는 지구인들
> 이 말을 타고 움직이는 정도의 속도로 달릴 수 있습니다. 자연
> 은 그대들에게 세운 것보다 더 적은 벽과 장애물을 우리에게 주
> 었죠(〈붉은 별〉, 64~65).

인용문은 화성이 단일국가 체제를 이루고 과학을 중요하게 생각한 원인이 자연환경에 있음을 보여 준다. 화성은 대륙이 붙어 있어 이동이 자유로우며, 중력이 약해서 지구보다 빠르게 이동할 수 있다. 하지만 이로 인해 화성의 토지는 산성 성분이 많아서 개인이 개간하기 어렵고, 바다는 계속 줄어들어서 인공 수로가 필수적이다. 화성은 현재의 인구증가 추세라면 30년 뒤에는 식량이 없을 정도로 작물을 재배하기 어려운 환경이다. 개인이 농사를 짓기 어려운 조건으로 인해 모든 토지를 국유화했다. 행성 전체가 단일국가 체제를 이루기 때문에, 지구와 같이 국가를 지키기 위한 군대도 없으며, 계급 사이의 충돌도 발생하지 않았다. 애초에 화성의 자연환경은 지구와 같이 민족 단위로 분할될 필요가 없었고, 분할해서도 안 되는 상태인 것이다.

이러한 화성의 모습은 국가가 모든 것을 통제하는 사회주의 통제체제와 외형상 비슷해 보이지만 자연과 테크놀로지의 관계를 전혀 다르게 구성한다는 점에서 차이를 갖는다. 과학기술은 '생산'과 '소비'를 촉진시켜 근대의 발전된 문명을 만들어 낸 동력이다. 레닌의 경우에서 확인되듯 혁명기 사회주의 국가의 과학에 대한 인식도 동일했다. 그리고 사회주의 국가의 몰락 이후, 과학에 대한 이런 시각은 삶을 더욱 가파르게 변화시켰다. 자본이 과학기술과 결합하고 금융자본으로 진화하며 삶 깊숙이 파고들었기 때문이다. 월급날이 되면 우리는 통장이 아니라 스마트폰의 액정화면을 통해 입금 여부를 확인한다. 화면에서 빛나는 숫자는 나의 가치를 대리한다. 인간의 가치는 계량화되어 비슷한 수치의 사람들끼리 연결된다. 조세희가 날카롭게 비판한 '수치화의 기술 개발'이 완성된 것이다.

하지만 화성에서 과학은 인간이 최소한의 삶을 유지하면서 자유롭게 살기 위해 자연의 작동방식을 측정하는 장치이다. 화성인들은 생존을 위협하는 자연환경을 극복하기 위해 지구로 와서 레니를 데려갔으며, 자연의 수치를 정확히 계산하고 통제하기 위해 과학기술을 발전시켰다. 생존을 위해 자연을 이해하고 학습하는 과정에서 테크놀로지의 발전을 이룬 것이다.

레니는 화성의 이런 변화를 이끌어 낸 지도자 메니를 인류를 전진시키는 창조자로 인식하지만, 네티는 "모든 노동자는 창조자지만, 궁극적으로 창조를 하는 것은 인류와 자연입니다"(〈붉은 별〉, 47) 라고 말한다. 메니는 과거 연구자들의 경험을 이용하고 자연이 제공한 자원을 활용하여 지속가능한 삶을 만들기 위해 노력했을 뿐이라는 것이다. 화성인들은 과학, 예술 분야에 큰 공헌을 한 사람들의 이름을 기억하는 지구의 문화를, "인류 공동의 목적이 사람들 사이의 갈등으로 유발된 환상에 의해 조각"나 버리고, "인류 전체보다 개별적 인간들에게 귀속되는 것"으로 비판하기도 한다.

이러한 차이는 삶을 인식하는 방법을 드러낸다. 레니에게 익숙한 것은 자본주의 체제의 소유 관념이다. 우리에게 과학과 예술에 큰 족적을 남긴 사람의 이름을 기억하는 것은 익숙한 문화이다. 우리는 상대성 이론을 발견한 아인슈타인, 방사성 원소 폴로늄과 라듐을 발견한 퀴리 부인 등 인류 발전에 공헌을 한 위인의 이름을 기억하고, 마치 그들에 의해 역사가 전진한 것처럼 생각한다. 그들의 시대에 함께 존재했던 동료들과 그들이 있기까지 존재했던 수많은 연구들은 쉽게 망각된다. 인간의 역사는 특정 인물을 중심으로 한 고난 극복의 서사로 채워진다.

반면 화성의 인식론은 인간이 아닌 자연의 흐름에 맞춰 이루어진다. 그들은 상품을 위해 과학을 발전시킨 것이 아니라 공동체의 생존과 자연과의 공존을 위해 과학을 발전시켰기 때문이다. 이러한 차이는 화성의 문화 곳곳에서 발견된다. 화성의 아이들은 "먼저 자연을 관찰하고 다른 사람과 교류하며 정보를 얻"는다. "책은 그가 가지고 있는 지식을 굳건히 하고 강화하기 위한 것에 지나지 않"(〈붉은 별〉, 60)는 것이다. 화성의 단일 언어는 인류와 공생하는 자연에 토대를 두고 있다.

러시아어에서 '집'은 남성이고 '배'는 여성이며, 프랑스어에서는 그 반대지만, 그 단어들이 가리키는 대상의 본질은 전혀 변함이 없습니다. 그런데 당신들께서는 이미 불타 없어진 집과 건축 예정인 집을 현재 사람이 살고 있는 집과 같은 형태의 단어로 사용하고 계시죠. 자연에서 살아 있는 인간과 죽은 인간 간의 차이보다 더 큰 차이가 있던가요? 그러함과 그러하지 않음의 차이 말입니다. 모든 단어와 구를 이 차이를 표현하기 위해 사용하셔야 합니다(〈붉은 별〉, 53~54).

집이라는 동일한 대상을 각기 다른 성으로 규정할 이유는 없지만, 우리의 언어체계는 그렇게 이루어져 있다. 개별 국가와 민족을 중심으로 대상을 사고하기 때문이다. 인용문은 이러한 인간의 언어체계가 가지고 있는 단절을 지적하고, 모든 인류에게 공통적인 삶·죽음의 경계와 같은 자연의 흐름을 반영한 언어의 필요성을 제기한다. 화성의 언어는 자연의 본질을 미리 규정하는 것이 아니라 그 흐름에 맞춰 대상을 포착할 뿐이다.

노동과 기술

자연과 테크놀로지의 관계 속에서 노동의 형태와 삶의 모습이 결정된다. 근대 초기 산업혁명과 공장 노동자의 등장이 초래한 삶의 변화를 생각해 보자. 사람들은 농촌에서 공장이 몰려 있는 도시로 이동했으며, 공장에서 일하고 받는 임금으로 생활하게 되었다. 사람들은 자연의 순환하는 시간에서 분·초 단위의 미분화된 시간에 익숙해졌으며, 쉬지 않고 돌아가는 기계의 속도에 비례하여 자연은 오염되어 갔다. 자연은 축적의 원료로 전락해 버린 것이다.

자연을 가공해 상품을 생산하는 과정에서 꼭 필요한 것이 노동이다. 자본가는 상품의 가격을 낮추기 위해 값싼 노동력을 찾을 필요가 있지만, 구매력 확보를 위해 노동자의 임금을 어느 수준 이상으로 보장해야만 했다. 자본가는 노동자와 대립하면서, 한편으로는 그들의 요구를 들어주며 상품 판매의 활로를 찾아 나갔다.

하지만 자본주의 체제가 확대 성장의 논리로 포섭되면서 이런 우회로는 더 이상 필요하지 않게 되었다. 자본가와 노동자의 대립이 완전히 사라진 것은 아니지만, 자산소득을 얻기 위한 욕망이 노동자에게도 확산되었기 때문이다. 다시 말해 노동자 주체는 근로소득과 자산소득을 동시에 확보하기 위해, 자본가의 사고를 할 필요가 있게 되었다.

자본가의 사고란 노동이 아니라 소유한 자본으로 소득을 올리는 삶을 추구하는 것이다. 가령 1997년 우리나라에 처음 도입된 스톡옵션stock option 제도는 노동자가 더 이상 경영자와 대립하지 않게 만든다. 회사의 이익이 곧 자신의 이익이 되기 때문에 노동자도 회사 경영에 참여하는 효과를 거둘 수 있다. 때로는 스톡옵션의 이익이 너무 커서 회사를 그만두는 일이 발생하기도 한다. **6**

6　2020년 7월 상장된 SK바이오팜의 주가가 급등하며 우리사주를 취득한 일부 직원이 20억 넘는 시세차익을 올리기 위해 회사를 퇴직했다. 자산소득이 근로소득을 훨씬 앞지르고 있는 현재의 상황을 적나라하게 보여 주는 사례이다.

이런 시대에 노동이란 무엇일까? 우리는 기계가 노동력의 상당 부분을 대체하게 되는 4차 산업혁명의 시대로 접어들고 있다. 지식과 정보가 상품이 되는, 사람이 시·공간의 제약을 받지 않고 어딘가에 접속해서 일하는 사회가 되었다. "정보가 진정 놀라운 이유는 그것이 비물질적인 것이라서가 아니라, 정보가 계산이 불가능할 정도로 막대한 양의 노동을 불필요하게 만들기 때문이다."(Mason, 2017: 287) 2000년대 후반부터 시작된 탈산업화 현상으로 제조업 일자리가 감소했다.[7] 이는 곧 오래 일하는 것이 더 많은 생산량을 만들어 내던 제조업 시대의 방식이 통하지 않게 되었다는 것을 의미한다.

하지만 〈표 3-1〉에서 확인되듯 우리나라는 선진국에 비해

[7] 2000년대 후반에 지금 우리에게 익숙한 기술문화가 등장하기 시작했다. 유튜브와 트위터는 2006년에 설립됐고, 2007년에는 아이폰이 나왔으며, 인스타그램은 2009년에 탄생했다. 2008년에 미국은 리먼 브라더스 사태를 겪고 세계 금융위기의 시작을 알렸다. 첨단 기술과 제품의 등장, 그리고 금융위기라는 사태가 맞물리며 기업의 이익은 늘지만, 종업원 수는 줄어드는 현상이 나타나기 시작했다. 이에 대한 자세한 내용은 Stern & Kravitz(2019) 참조. 이 책에서 저자는 "1978년에는 미국 노동자의 28퍼센트가 공장에서 일했고, 서비스업에 종사하는 사람들은 72퍼센트였다. 오늘날에는 제조업 노동자 비율이 14퍼센트로 떨어진 반면 서비스업 종사자는 86퍼센트로 늘어났다"(Stern & Kravitz, 2019: 65)고 이야기한다.

<표 3-1> 주요국 제조업 비중 및 GDP 성장률 비교

단위: %

국가	GDP 내 제조업 비중 (2019년)	2분기 GDP 성장률 (전망)	실업률 (4월)
중국	28.8	1.2	6.0
한국	27.5	-1.2	4.2
일본	21.1	-8.0	2.8
독일	20.8	-11.2	5.8
스페인	12.7	-17.9	-
미국	11.3	-9.7	14.4
프랑스	10.4	-17.2	8.4
캐나다	9.5	-	13.5
영국	8.6	-15.4	-

2분기 성장률은 전년 동기 대비 블룸버그 집계 수치.
출처: 미래에셋대우증권.

제조업 비중이 상당히 높은 편이다. **8** 코로나19 사태에서 제조업 비중이 높은 것이 경기회복에 도움이 되었지만, 세계적 추세를 고려할 때 궁극적으로는 해결해야 하는 문제임에는 분명하다. 그래서 정부는 주 52시간 근무제도, 출퇴근 유연제 등이 새로운 근로문화로 자리 잡을 수 있게 노력하고 있다. 이 제도가 4차 산업혁명 시대 노동 효율성을 위한 것인지 아

---

8 2019년 우리나라 GDP 내 제조업 비중은 27.5%였다. 미국 11.3%, 프랑스 10.4%, 캐나다 9.5% 등과 비교할 때 2배 이상 높은 수치이다(〈MBN 골드〉, 2020. 6. 10.).

니면 일할 권리를 빼앗는 악법인지를 놓고 논쟁이 벌어지고 있지만, 그 시점이 문제일 뿐, 꼭 이루어야 하는 제도임은 분명하다.9 포스트 코로나19 시대에 이러한 변화는 더욱 가속화될 것이다.

'노동기록장치'의 상상력

이러한 노동구조의 변화가 가시화된 곳이 〈붉은 별〉의 화성이다. 화성에는 노동자들의 노동에 대한 의식을 실시간으로 반영하는 '노동기록장치'라는 기계가 존재한다. 노동자들이 일을 하다가 직업을 바꾸겠다고 선언하면 통계기관이 이를 기록하여 기계에 반영한다. 기계에는 농업, 화학, 광업 등 각 산업 분야에서 부족한 노동시간이 실시간으로 표시되고, 인력이 필요한 산업에 준비된 노동자를 즉시 배치할 수 있다.

---

9   코로나19 사태로 세계 각국에서 주 4일 근무제도가 시행되고 그 업무효율성이 높다는 보고가 제출되었다. 이는 원격근무와 연동된 변화로서 향후 더욱 확산될 가능성이 높다. 우리나라 또한 2021년부터 중소사업장 주 52시간 근무제도가 확대 시행되는 등 큰 변화의 시작에 있다고 판단된다.

모든 생산수단이 국유화되고 백 년 동안은 6시간의 의무 노동 시간이 존재했지만, "가용 노동에 관한 기술적 발전과 정확한 계산은 결국 이 낡은 체계의 마지막 잔해까지 없애는 데 도움을 주었다"(〈붉은 별〉, 68). 기술의 발전으로 의무 노동시간이 사라지고 여분의 노동력이 늘 존재하는 상황은 곧 실업자가 많다는 것을 의미하지만, 정부는 노동기록장치를 통해 이 문제를 해결한 것이다.

'노동기록장치'라는 상상의 발명품은 지금 우리의 실업 문제를 해결할 수 있는 좋은 아이디어다. 이 장치는 한 직종에서 평생 일하는 것이 아니라, 자유롭게 산업 분야를 횡단할 수 있는 개인의 능력과 수요와 공급을 매칭해 주는 기계이다. 이 지점에서 노동유연화정책이 떠오른다. 노동유연화정책은 고용불안을 유발하고 해고를 쉽게 한다는 문제를 가지고 있었다. 타당한 지적이다. 그렇다면 노동기록장치와 노동유연화 정책의 차이는 무엇일까?

가장 큰 차이는 노동자의 자율성을 존중할 수 있는 문화의 존재 여부이다. 노동유연화정책은 변화하는 시장 환경에 적응한다는 명분을 내세우지만, 조금만 뜯어보면 경제를 위해 노동자를 희생하는 법이다. 정규직 · 비정규직의 단절이 고착화될 수밖에 없다. 반면 노동기록장치는 노동자 자신의 자율성을 최고의 가치로 여기며, 자율적 존재로서 개인과 개인을 어떻게 연결시킬지를 고민한 결과이다. 이는 곧 화성의 과학 기술이 인간의 존엄과 연대감을 강화하는 방향으로 발전했음을 의미한다. 화성에서는 혈액 교환을 통해 혈액과 조직이 재생산되어 오랫동안 젊음을 유지할 수 있다. 네티는 지구의 과학도 동일한 수준에 도달했지만, 다음과 같은 이유로 실용화되지 못했다고 한다.

지구의 의학에서 수행하고 있는 수혈은 가끔 자선의 느낌이 납니다. 피를 많이 보유하고 있는 사람이 이를 절실하게 필요로 하는 부상자 등에게 주는 거니까요. 물론 우리도 같은 일을 하지만 거기서 멈추지는 않습니다. 우리의 전체적인 체계와 비슷하게, 우리 동지들이 일반적으로 삶을 교환하는 방식은 이데올로기적인 차원을 넘어 심리적인 영역으로까지 뻗어 나가기 때문이지요(〈붉은 별〉, 116).

'자선慈善'이 전제하는 위계구조는 사회주의 국가의 이분법을 상기시킨다. 이념의 밀도를 기준으로 한 지식인과 대중이라는 이분법에서 지식인 주체가 대중들을 위해 자기의 지식을 나눈다는 인식이 동일하기 때문이다. 하지만 화성에서는 이 수준을 넘어서 "심리적인 영역"까지 교환한다. 자기의 마음을 교환하는 행위는 타인과의 비교가 아니라 공동체 의식이 발휘되어야 가능하다. 다시 말해 화성인들은 성별, 학력, 신분 등의 조건을 떠나서, 인간이라는 점에서 모두가 존중받아야 한다는 인식을 공유하고 있는 것이다. 노동기록장치는 이러한 화성의 인식론이 만들어 낸 기계이다.

하지만 이를 위해서는 모두가 각자의 자율성과 특이성을 버리지 않을 만큼의 소득이 있어야 한다. 기술이 인간의 노동력을 대신할 미래에 빈곤을 막고 인간으로서 최소한의 삶을 유지하기 위해 기본소득을 지급해야 한다는 논의가 활발히 이루어지고 있다. 기본소득은 인류의 공동재산인 토지의 사용료를 받아서 국민에게 일정한 금액을 나누어 주는 것이다. 기본소득의 문제의식은 소유의 관념을 벗어나야 이해할 수 있다.

노동기록장치와 기본소득은 사람들의 심리적 연대를 추구한다는 점에서 공통적이다. 또한 노동을 소득을 얻기 위한 행위가 아니라 자기의 특이성이 발현되는 시간으로 이해한다는 점에서 본질적인 유사성을 갖는다. 결국 문제는 기술을 통해 인간의 자율성을 어떻게 확보할 수 있느냐이다. 레니는 필요하지 않은 노동을 하는 노동자를 발견하고, 일을 중지시키지 않는 것을 의아해한다. 하지만 화성인은 "통계는 노동의 '집단'적 이동에 지속적으로 영향을 주지만 각 개인은 원하는 대로 할 자유를"(〈붉은 별〉, 86) 가진다고 말한다. 인간은 강제적 노동이 아니라 자유의지에 따라 어떤 활동을 하는 것이 중요하다는 인식이다. 기본소득의 문제의식과 상당 부분 겹치는 대목이다. 여기서 핵심은 노동 시간의 단축으로 남는 시간에 개인이 무엇을 할 수 있는 자율성이다. 이것은 법과 제도에 의한 강제가 아니라, **10** 기술의 도움으로 마련된 여분의 시간을 인간 스스로 어떻게 사용할 것인지를 묻는 과정에서 생겨난다.

---

10 지구와 화성의 법에 대한 다음과 같은 언급을 참조할 수 있다. "지구에서 폭력과 강압은 정의를 위한 법률과 규범으로 성문화되어 있다는 것입니다. 그런 법률은 사적이거나 공적인 행동을 규제하고 억압의 지속적인 원천으로 기능하지요. 반면 우리 세계에서 폭력은 병에 걸렸다는 징후나 이성적인 존재의 이성적인 행동으로만 존재합니다. 둘 중 어느 경우도 사적이거나 사회적으로 강제된 법이나 규범의 결과가 아니죠."(〈붉은 별〉, 111)

사랑의 혁명

〈붉은 별〉의 표층에서 발견되는 것이 자연과 기술의 관계에 대한 화성의 인식, 그리고 이를 조정하는 인간의 자율성에 대한 성찰이라면, 심층을 구성하는 것은 지구인 레니와 화성인 네티의 사랑이다. 화성에서 기술은 공동체의 생존을 위한 것이며, 노동이란 인간의 자율성이 발현되는 활동이다. 인간의 자율성은 국가가 규율할 수 없는 존엄한 가치이다.

사랑은 인간의 자율성을 구체화시키고 서로 연결하는 행위이다. 물론 이때의 사랑은 연인 혹은 가족 사이의 사랑과는 한참 거리가 먼 감정이다. 오히려 〈붉은 별〉에서 강조하는 사랑은 자본주의 체제를 완성하고 발전시킨 동력이었던 '가족 공동체'의 근간을 흔들고 넘어서기 위한 열정의 자원이 된다.

이 차이는 사회와 사랑의 연결 방법과, 사랑이라는 공유지에 접속하는 사람들의 숫자로 구분된다. 가족 공동체 자원으로서의 사랑은 자본주의 체제에서 살아남기 위한 소수 인원의 유대감으로 형성된다. 다시 말해 경제 공동체로서 가족을 떠받치는 힘이 보통 사랑이라는 이름으로 위장된다. 반면 〈붉은 별〉에서 강조하는 사랑은 위장된 사랑을 심문하며, 많은 사람이 모일 수 있는 거점으로 작용한다. 이때의 사랑은 자본주의 체제에서 생존하기 위해 가족 공동체의 삶을 지향하는 우리에게, 자기의 신체와 감정에 대해 질문한다는 점에서 그 방향성이 분명하다.

앞서 언급한 근로소득과 자산소득의 격차는 경제 공동체로서 가족의 의미가 더욱 강화되는 배경이 되었다. 정부의 부동산 정책에 따라 아파트를 팔기보다는 자식에게 증여하는 사람이 많아지는 현실은 경제 공동체의 민낯을 그대로 보여 준다. 우리가 주목할 것은 바로 그런 선택을 한 사람들의 신체와 욕망이 제도에 반응하는 방식이다. 우리 가족의 안위만을 최고의 가치로 여기고 욕망하는 사회에서 어떤 대안이 존재할 수 있을까? 신자유주의가 정말 무서운 것은 이처럼 우리의 신체와 욕망까지도 획일화시키기 때문이다.

그래서 〈붉은 별〉의 사랑은 사람과 사람, 혹은 사람과 제도가 처음으로 부딪치는 신체에 민감하다. 제도가 만들어 낸 경제 공동체에 대한 감각을 벗어나고자 하기 때문이다. 자본주의 경제에 결박된 신체와 감각에서 벗어나기는 자기 삶의 구성 방식을 재인식할 때 가능해진다. 여기서 예술의 중요성이 솟아난다. 예술에 함축된 현실인식과 표상의 방법은 당대 사회의 구성 방식과 어떤 식으로든 결부된다. 앞 장에서 살펴본 《에레혼》의 음악은행은 예술과 자본이 결합된 전형적인 사례였다. 하지만 〈붉은 별〉에서는 이와는 본질적으로 다르게 예술에 스며들어 있는 주체의 정동을 화두로 삼는다. 레니는 화성의 미술관을 구경하고 "다른 세계의 아름다움을 완전히 이해하기 위해서는 먼저 그곳의 삶과 친숙해져야 한다"고 썼다. 예술에는 당대의 삶이 스며들어 있다고 생각한 것이다. 레니가 인식한 화성의 미술은 다음과 같은 특징을 갖고 있었다.

지구의 고대 미술에서 여성의 아름다움에 대한 이상이 사랑의 영원한 가능성을 표현했다면, 또 중세와 르네상스의 이상적인 아름다움이 신비롭거나 낭만적인 사랑에 대한 갈증을 반영했다면, 우리보다 앞선 이 다른 세계의 이상은 순수하고 눈부시며 모든 것을 이기는 사랑이 조용히 그리고 자랑스럽게 스스로를 인식하는 것이었다. 화성의 다른 고대 예술과 마찬가지로 가장 현대적인 것들은 극단적으로 단순하고 통일된 주제를 보였다. 여기에서 주인공들은 다양한 경험을 가진 복잡한 인간들이었다. 작품들은 하나의 감정이나 영감에 집중하고 있는 존재의 순간을 그리고 있었다. 현대 예술작품에서 많이 다뤄진 주제는 창조적인 생각과 사랑, 그리고 자연에서 느끼는 기쁨이 가져오는 환희 등이었다(〈붉은 별〉, 100~101).

지구의 미술이 영원과 이상을 추구한다면, 화성의 미술은 다양한 경험을 가진 인간의 창조적인 감정을 다룬다. 다시 말해 지구의 미술이 현실과 떨어진 예술의 본질을 다룬다면, 화성의 미술은 현실을 살아가는 인간의 다양한 경험에 초점을 둔다. 그만큼 화성에서는 개별자의 정념에 충실한 삶을 지향한다. 그래서 지구의 사랑이 지고의 진리라면 화성의 사랑은 언제든 흩어질 수 있는 찰나의 감정이며, 화성의 사랑은 지고의 진리로 기능하는 삶의 규율과 도덕을 넘어서는 감정이 될 수 있다. 개별자의 감정에 충실한 사랑이란 계급적 분할과 성적 정체성에 충실한 사랑이라는 지고의 원칙을 흔들어야 현실에서 이룩될 수 있기 때문이다.

이 점을 극대화시키기 위해 〈붉은 별〉은 사랑의 두 주체가 각각 지구인, 화성인이라는 설정을 했으며, 이들의 사랑이 이루어지는 과정에서 젠더 문제를 제기한다. 가령 화성에는 남녀의 육체적 차이가 존재하지 않고 교육과정에서 남녀를 구분하지 않는다. [11] 교육과정에서 남성·여성의 정체성이 형성되는 우리의 문화를 생각한다면, 화성은 오로지 자기의 감정에만 충실한 연애와 사랑을 할 수 있는 문화가 갖춰진 것이다.

레니는 이러한 화성의 문화에 적응하지 못했다. 레니는 지구에서 일부일처제가 경제적 조건에 의해 생긴 것이라며 부정적 생각을 했지만, 외모를 기준으로 네티가 남성이라고 추측하였고 네티에 대한 자신의 감정을 억제했다. 또한 두 명의 동지와 동시에 결혼했던 네티의 과거를 알고 혼란스러워한다. 레니는 "나는 '생각'하는 것과는 다르게 '느끼는' 건가? 그런 것 같다"(⟨붉은 별⟩, 150)라며 이런 사실을 인정한다. 레니가 자기 삶에서 신체로 느끼는 감정은 이성적 판단과는 달랐던 것이다. 《에레혼》에서 비이성의 문화라고 명명했던 이 상황의 본질은, 신체에 육박하는 감정이 가진 위력이다. '느끼다'라는 어휘로 표현된 신체의 감정은 우리의 행동을 결정짓는 것으로, 그만큼 현실의 문제를 돌파하기 위한 본성적 중요

---

11 "나는 화성인 남녀들이 지구인들과는 달리 성별에 따른 육체적 차이가 크지 않다는 사실을 발견했다. 여성은 상대적으로 넓은 어깨를 가지고 있었고, 남성의 좁은 골반과 약간의 살집은 근육을 덜 두드러지게 했으며 성별 간 차이를 중성화시켰다. 이는 자유로운 인간 진화의 시대라는 가장 최근의 시대에 실제로 드러난 것이며, 자본주의 시대의 조각들에서 그 차이는 더 확실히 보였다."(⟨붉은 별⟩, 99)

성을 갖는 것이다.

소설은 레니와 네티가 지구에서 다시 만나 사랑을 이루고 어딘가로 떠나는 것으로 마무리된다. 이들의 목적지가 어디인지는 명확하지 않지만, 지구에 사는 레니를 보기 위해 네티가 화성에서 넘어왔다는 사실 하나만으로 이들의 사랑이 이루어졌음을 확신할 수 있다. 레니와 키스를 하며 네티가 느끼는 다음과 같은 감정은, 〈붉은 별〉의 '사랑'이 갖는 함의를 적실히 보여 준다.

방금 전, 전 당신의 젊은 세계를 제 품에 안고 있는 것 같았어요. 오만한 독립심, 자기중심주의, 행복을 향한 그 절박한 굶주림 ― 그 모든 걸 당신의 포옹에서 느꼈답니다. 당신의 사랑은 마치 사람을 죽일 듯해요. 하지만 … 당신을 사랑해요, 레니 (〈붉은 별〉, 130).

독립심, 자기중심주의, 굶주림이라는 단어를 동원하며 네티가 표현하고자 한 것은 레니의 감정이 가지고 있는 폭발력이다. 문화적 이유로 억압되어 있던 레니의 내면 감정이 드러났다는 사실이 중요하다. 네티가 사랑한 것은 레니가 보여 준 감정의 절실함과 그것에 충실한 행동이다. 즉, 개별성을 자유롭게 표현하는 행위에 사랑을 느낀 것이다.

이런 의미의 사랑은 화성의 자원고갈 문제를 해결하기 위해 지구를 정복하자는 스터니와 이에 반대하는 네티 사이의 논쟁에서 정치적 의미를 갖춘다. 스터니는 지구의 민족 단위로 분열된 의식이 언제든 전쟁을 일으킬 위험이 있으며, 기술이 발전하게 될수록 프롤레타리아의 삶은 악화된다는 점을 근거로 지구인 말살을 주장한다. 반면 네티는 지구의 다양한 민족과 사상의 충돌이 오히려 새로운 문명을 창출할 것이라고 말하며, 지구인과의 연합을 주장한다. "인류가 가진 잠재력, 인류를 발전시킨 원동력이자 인류의 모순을 곧 해결할 그 힘" (〈붉은 별〉, 172)이 가지는 능력을 인정한 것이다. 스터니가 비판적으로 이해한 이해관계의 충돌을 네티는 "자연환경이 풍요롭고 다양하기 때문"에 "다양한 세계관"을 형성하고, 그 세계관이 충돌하고 경합하며 인류의 진보를 이끌 수 있다고 판단하기도 했다.

스터니의 인식론에서 지구는 대립과 갈등의 부정적 감정이 지배하는 공간이다. 부정적 감정은 타인을 결속의 상대가 아니라 경쟁의 대상이라고 여길 때 생겨나는 것이다. 경쟁의 과정은 비교의 연속이며 자기는 계발해야 하는 상품이다. 누구나 한 번쯤, 나와 타인을 비교하며 불안해하거나 경쟁의 룰이 공정하지 않음에 분노한 경험이 있을 것이다. 스터니가 인식한 지구의 생활이 바로 이것이다.

반면 네티는 사랑이라는 긍정적 감정으로 우리에게 익숙한 이러한 삶의 문법을 파괴하려고 한다. 이제 타인은 연대하고 결속해야 할 친구가 된다. 사랑은 누구나 합류할 수 있는 공유지이다. 공통적인 것the common의 회복이란 이전과는 다른 방식으로 일상을 대면할 때 가능한데, 그 출발이 바로 긍정의 감정을 통해 부정의 감정이 직조되는 패턴으로부터 벗어나는 것이다. 12 자기의 개별성에 충실한 사랑을 통해 '하나'를 이룬 레니와 네티의 방식이 함의하는 정치적 의미는 여기서 찾을 수 있다.

이렇게 본다면 사랑은 새로운 조직론이다. 이제 중요한 것은 각자의 마음을 이어주는 네트워크를 만드는 일이다. 이는 화성의 예술에 대한 논의에서 변주되어 나타난다. 사회주의

---

12 공통적인 것의 문제의식은 질 들뢰즈의 이론을 참고하여 네그리와 하트가 결성한 개념이다. 이에 대한 내용은 Negri & Hardt (2014) 참조.

시는 억압적인 규칙을 버려야 한다는 레니의 말에 대해 화성인 에노는 다음과 같이 말한다.

우리가 규칙적인 리듬을 아름답게 여기는 것은 규칙을 선호하기 때문이 아니라 우리 삶과 사상이 리드미컬한 규칙성과 아주 잘 조화되기 때문입니다. 통일된 코드로 차이를 포용하는 리듬의 특징은 사람들 간에 꼭 필요한 유대와 긴밀하게 연관되어 있습니다. 이 유대감은 사랑의 기쁨에서 일에서의 합리적 목표, 그리고 예술에서 느끼는 감정의 통일감으로 그 고유한 다양성을 장식하지요(〈붉은 별〉, 103).

규칙적인 리듬과 운율은 지구의 사회주의에서는 부르주아 예술의 형식이라면, 화성에서는 개별자의 특이성이 조화를 이루고 통일감을 형성하는 매개이다. 다시 말해 수많은 개별자들의 네트워크를 형성하는 기제가 바로 리듬과 운율이다. 개별자가 자기의 감정에만 충실하면 언제든 이기심으로 변질될 수 있다. 그렇기에 꼭 필요한 것이 자본주의의 관습에 공동으로 맞설 수 있는 새로운 네트워크를 만드는 일이다. 노동 기록장치에서 수많은 주체의 감정이 교차하면서 만들어지는 노동의 새로운 의미를 생각해 본다면, 개별성을 존중하며 규칙적인 리듬과 운율로 통일감을 준다는 비유가 무엇을 의미하는지 짐작해 볼 수 있다.

이러한 혁명의 방식은 소설이 발표된 지 약 110년이 지난 지금 우리에게 중요한 시사점을 던져 준다. 자기계발의 논리는 타인과 비교하며 우월해지려는 사고를 우리의 몸과 마음에 이식했고, 부채는 미래의 시간을 닫아버리고 권력에 순종하는 신체를 탄생시켰다. 사랑도 상품이 되었으며, 빈부격차는 갈수록 심해지고 있다. 미국 트럼프 대통령이 취임 후 보여준 일련의 조치들과 영국 브렉시트Brexit 선언이 보여 주듯, 자국민 우위의 정책은 전 세계적인 현상으로 보인다. 코로나19 사태에서 민족 단위의 대결은 더욱 심화될 가능성이 높다. 코로나19 백신을 개발하기도 전에 미국과 유럽의 선진국들이 미리 선점했다는 뉴스가 나오고 있다. 스터니가 진단한 지구(인)의 모습과 대단히 유사해지고 있는 것이다. 지금 우리에게 필요한 것은 네티의 상상력이다. 민족과 자본을 중심으로 접속하고 사랑하는 것이 아니라, 이러한 관계성을 비틀 수 있는 새로운 접속을 끊임없이 시도해야 한다.

네티의 상상력에 충실한 시도가 없었던 것이 아니다. 불과

얼마 전까지 우리는 촛불을 들고 광화문 광장에 나가서 자기의 개별성을 발현시켰다. 2014년 세월호 사건, 2016년 국정농단 사태 당시 광장에 모인 모든 사람이 단일한 구호만을 외치지 않았다. 그들이 광장에 나온 이유는 각자의 삶에서 느낀 어떤 감정 때문이다. 이를 사랑이라는 공유지에 합류한 과정으로 비유할 수 있을 것이다.

삶-정치의 전면화, 어떤 삶을 살 것인가?

4차 산업혁명 시대에 일하는 장소는 공장, 사무실 등 고정된 물질 공간에서 네트워크로 연결된 가상의 공간으로 전환되고 있다. 이번 코로나19 사태에서 확인된 재택근무와 온라인 수업 등이 앞으로 더욱 확산될 것이다. 플랫폼platform 중심의 새로운 산업도 출현했다. 최근 조사에 의하면 우리나라의 플랫폼 경제 종사자는 최소 47만 명에서 최대 54만 명이다. 이는 전체 취업자의 1.7~2.0%에 해당한다(한국고용정보원, 2019). 에어비앤비나 카풀 등 온라인 기반의 개인 간P2P 공유경제 규모가 최근 3년 사이 10배로 성장(〈연합뉴스〉, 2019.6.6.)했으며, 앞으로 플랫폼을 기반으로 한 경제활동은 더욱 증가할 것이다. 카카오톡이라는 무료 플랫폼을 바탕으로 대기업으로 성장한 카카오는 코로나19 국면에서 특히 주목받았다. 카카오는 금융, 모빌리티mobility, 엔터테인먼트entertainment 등 기존 산업 분야의 지형도를 새로 구획하고 있다.

플랫폼 경제에 대한 찬반 논의가 팽팽하다. 플랫폼 경제에 비판적인 논자들은 플랫폼 노동자들이 사회안전망에서 배제된 임시직으로 소모되는 점을 내세운다. 반면 찬성하는 입장에서는 P2P경제가 디지털 공유지 형성에 기여할 것이라는 주장을 편다. 하지만, 양자는 모두 네트워크에 기반을 둔 새로운 삶으로 정치와 경제가 모두 수렴될 것이라는 점에 동의한다. 더 이상 인간의 정치 활동과 경제 의식이 구분되지 않는다는 사실은13 삶-정치가 일상화되었음을 보여 준다.

---

13 노동자들의 정치 행동이 가장 뜨거웠던 1980년대 후반까지만 해도, 정치와 경제는 분리되어 사고되었다. 1989년 10월 〈경향신문〉의 '흔들리는 직업윤리' 연재는 6 · 29 선언 이후 '권위의 붕괴', '상하질서의 문란'이 일어나고 있는 일터를 찾아 진단한다. 두 번째 연재에서는 공무원들의 부정부패, 자영업자들의 탈세 등을 '황금만능에 빛바랜 소명의식'의 예로 들고 있다. 이어서 소비풍조가 번지고 일을 하지 않는 경향이 확산되면서 "세계에서 가장 열심히 일한다는 우리나라 사람들의 근로정신이 퇴색하고 있다. 음식점, 세탁

정치와 경제가 자기 삶으로 통합되어 분리 불가능한 현실에서 우리는 어떤 삶을 살게 될까? 문재인 대통령은 2018년 8월 7일 '인터넷전문은행 규제혁신' 현장 방문에서 이례적으로 산업자본의 금융시장 잠식을 막는 은산분리의 완화를 주장했다. 카카오뱅크를 소유하고 있었던 카카오를 겨냥한 발언으로, 일각의 반발에도 은산분리법은 국회를 통과했다. 한편타다, 카카오모빌리티 등의 카풀업체와 택시기사의 대립이 격화되고 있다. 택시기사의 분신자살과 같은 극단적 선택이 일어나고 국회의 중재로 합의안을 도출했지만, 여전히 이 문제는 해결되지 않았다.

인터넷 은행과 카풀은 네트워크를 기반으로 탄생한 새로운 산업 영역이다. 정부가 은산분리법을 통과시킨 이유는 IT기업의 성장을 통해 국가 경쟁력을 높이기 위함이다. 이 과정에서 기존 노동시장과의 충돌이 사회적 문제로 대두하였다. 대부분의 시민들은 택시기사의 투쟁에 공감하지 못했다. 스마트폰으로 은행 업무를 보고, 택시를 타고, 차량을 이용하는

소, 구멍가게 등도 일찍 문을 닫고 휴일에는 쉬는 추세다"라고 비판적으로 언급한다.

것이 편리하기 때문이다. 택시기사들이 '죽음'이라는 극단적 선택을 통해 저항하려는 대상은 표면적으로는 IT기업이다. 하지만 진짜 그들의 적은 정부가 앞장서서 추진하고 있는 기술-경제 패러다임에 의해 조직되는 개인의 내면이다.

카카오뱅크가 젊은 세대를 중심으로 큰 인기를 얻을 수 있었던 이유가 편리성과 카카오프렌즈 캐릭터 때문이라고 한다.14 새로운 기술-경제 시스템은 기술력을 기반으로 우리들의 감성을 자극하고 유혹한다. 우리가 플랫폼에 접속할수록 회사의 자본이 축적되기 때문이다. 전 국민의 플랫폼 카카오톡의 배너 광고 비즈톡BizTalk으로 본격적인 수익을 내기 시작한 카카오의 전략이 대표적인 사례다. 카카오가 꿈꾸는 "새로운 연결, 더 나은 세상"이란 무엇일까? 도저히 빠져나올 수 없는 네트워크 속에서 소비하기 위해 노동하는 우리의 모습이 상상되는 이유는 무엇일까? 기술-경제 패러다임을 대체할 새로운 상상력이 필요한 시점이다.

---

14 2018년 5월 10일 JTBC 〈차이나는 클라스〉에 출현한 성균관대 최재붕 교수는 타 은행이 카카오뱅크 500만 가입자 유치 비결을 조사한 결과 "카카오 프렌즈 캐릭터가 귀여워서 가입했다"는 응답이 높았다는 사실을 공개했다.

인간 자율성과 기술 통합의 이면

〈엔지니어 메니〉는 〈붉은 별〉에서 묘사된 통합국가로서 화성이 완성되기 이전의 이야기이다. 〈엔지니어 메니〉의 주인공 메니는 네티의 아버지이다. 메니는 리비아 사막에 대운하를 건설하는 사업을 총책임지며 막대한 예산과 권력을 갖게 된다. 하지만 메니는 노동자 재배치 문제를 둘러싸고 노동자 집단과 갈등을 보이다 감옥에 간다. 노동조합을 인정하지 않았던 메니의 태도가 노동자 집단의 반발을 산 것이다. 그 후 12년이 지났지만, 여전히 운하는 건설 중이며, 노동자들의 경제적 상황은 더욱 악화되었다. 새롭게 권력을 잡은 집단이 군수업체와 결탁하여 공사 금액을 부풀리거나 허위로 노동자를 등록하는 불법을 자행해 왔기 때문이다. 이 사실을 오랜 조사로 밝혀낸 사람이 바로 네티였다. 네티와 메니는 대면한 이후에 서로 긴밀하게 협력하는 관계가 되지만, 노동조합에 대한 입장은 극명하게 갈린다. 메니는 노동자 주체의 합일된 노동이 아니라 개인의 아이디어와 개체성을 중요하게 생각했으며, 네티는 조직의 통일된 힘을 우선적으로 고려하기 때문이다. 하지만 두 사람은 개인의식과 통일성이 공존할 수 있는 방법을 찾게 된다. 그 과정은 다음과 같았다.

삶과 삶을 조화로운 전체로 변환하는 의식의 논리에 기반을 두
고 있습니다. 노동자 자신이 배제된 채로 이들을 위해 짜인 노
동의 통일성은 그저 기계적이고 무의식적인 그것에 지나지 않
습니다. 복잡한 기계의 부품을 한데 묶어둔 것처럼 말이죠. 기
계의 원반과 나사는 아무것도 고려될 필요 없이, 그 개수로 세
어질 뿐입니다. 노동자에 대한 지배계급의 태도 역시 이와 같
습니다. 그들은 노동자가 자신을 위해 살아가는 한 그를 공평
하고 합법적으로 대해줄 준비가 되어 있지요. 그럼 노동자는
아무 힘도 쓸 수 없거든요. 사람의 힘은 그가 그 자신과 그의 노
동, 생각, 다른 사람과의 관계 등 다양한 삶의 측면에 존재하는
영역에서 얼마나 일정하고 신뢰감 있게 행동하느냐에 달려 있
습니다(〈엔지니어 메니〉, 298~299).

여기서 네티는 노동자 자신이 배제된 노동의 통일성을 비
판한다. 자본가의 시각으로 노동자를 배치하는 것은, 노동자
를 하나의 부품으로 취급하는 것에 불과하다는 것이다. 대신
에 그는 노동자가 자신의 삶의 한가운데서 타인과 관계 맺고

행동하는 방식에 주목해야 한다고 말한다. 삶의 정치경제적 패턴을 익히고 그에 대한 책임감 있는 행동을 하길 바라는 것이다. 네티에게 조직이란 이러한 개인의 삶을 연결시켜 대안적 상상력을 실천하기 위한 역할을 담당한다.

프랑코 베라르디는 마르크스를 다시 읽으며 인지 자본주의 시대에 '개인의 자기실현', 즉 자율성의 회복이 새로운 노동의 방법으로 떠오른다고 한다. 기획(상상력)이 막대한 가치를 지니는 시대에는 기획력을 고취하는 자율성의 보장이 중요한 과제가 된다.15 하지만 이런 의미의 자율성은 근로소득과 자산소득의 격차를 확대하는 것에 기여할 뿐이다. 카카오, 네이버와 같은 IT기업이 수익을 내는 구조를 생각하면 된다. 그들은 플랫폼이라는 아이디어를 현실로 만들었다. 플랫폼을 만

---

15 산업화 시대에 기획은 자율성의 영역에 노동은 타율성의 영역에 있었다면, 인지 자본주의 시대에는 노동이 하나의 기획이 된다. 페이스북의 등장이 대학생들의 상상력에서 비롯된 사실을 상기해 보자. 이에 대해 프랑코 베라르디는 "산업노동자들이 비주체적인 반복 모델에 따라 자신의 임금 소득 서비스에 기계적인 에너지들을 투자했다면, 하이테크 노동자들은 거기에 자신들의 특수한 권능들, 즉 자신들의 창조적이고 혁신적이고 소통적인 에너지들, 요컨대 그들의 지적 역량들의 최선의 부분을 투자한다"라고 이야기한다(Berardi, 2012: 106).

드는 과정에도 노동이 필요하지만, 그 노동은 전통적인 제조업의 노동과는 결이 다른 것이다. 한번 만들어진 플랫폼에 연결된 수많은 사람들의 클릭 몇 번으로 엄청난 수익을 얻는다. 카카오와 네이버가 공통적으로 금융업에 뛰어든 이유도 그들이 소유한 플랫폼이 종래의 은행들과 비교할 때 큰 무기가 된다는 점을 인식했기 때문이다.

메니와 네티가 합의한 노동자의 자율성과 통일성이 우리 사회의 기술-자율성의 구조와 지니는 유사점과 차이점을 명확히 해야 한다. 핵심은 기술-자율성이 마련한 네트워크를 상품화의 논리가 아닌 다른 방식으로 활용하는 방법을 깨닫는 일이다.

'포스트 휴먼'의 과학

따라서 이제 우리는 〈붉은 별〉과 〈엔지니어 메니〉에서 강조하는 인간 자율성의 의미를 다시 한 번 되새길 필요가 있다. 대운하 완성이 아이디어의 힘인지 노동의 힘인지를 두고 메니와 네티는 논쟁을 한다. 메니는 아이디어가 본질적이고 노동은 아이디어를 현실화하는 수단에 불과하다는 입장이다. 네티는 이 둘의 관계를 과학을 매개로 다음과 같이 설명한다.

노동자로부터 과학자로 그 과업(인구과잉 문제의 해결-인용자)이 넘겨지면서 연구에 대한 열망이라는 새로운 형태를 띠게 되었죠. (중략) 시간이 흐르면서 그런 시도는 더 많아졌고, 열망은 더 커졌으며, 연구는 더 완전해지고 정확해졌어요. 몇백 년 동안의 억압된 활동이 배출구를 찾고 있었죠. 그러다 마침내 광대하고 심오한 영혼을 가진 자가 나타나 인간 노력의 모든 다양한 요소가 그 활동 안에서 직관적으로 통합되고 융합될 수 있었어요. 인류가 예전에 품었던 대담한 꿈처럼 그는 문제의 광대함을 포용하고 연구로 축적된 지식을 한데 모아 그에 대한 해결책을 제시했고 기계 시대의 과학적 기술로 발전된 모든 방법으로 이를 통합할 수 있었어요. 그때까지 이질적이었던 요소들로부터 생명력을 가진 조화론 전체가 탄생했고, 이 통합체는 위대한 프로젝트에 대한 아이디어였죠(〈엔지니어 메니〉, 314~315).

인용문은 화성의 자연적 제약을 극복하기 위해서 과학과 노동, 그리고 아이디어(상상력)가 협력했다는 사실을 보여 준다. 즉 화성의 인구과잉으로 인한 물 부족 문제를 해결하기 위한 아이디어에 과학기술과 노동력이 더해져 운하라는 결과를 만들어 낸 것이다. 과학은 아이디어와 노동이 만나는 영역으로 삶의 구조를 변화시키는 힘이 된다. 여기서 조금 더 강조되어야 하는 것이 바로 아이디어이다. '물 부족'이라는 구체적인 문제를 해결하기 위한 아이디어를 과학과 결합시켜야 한다는 문제의식은, 과학기술이 사회문제를 해결하기 위해 노력해야 한다는 인식을 보여 준다.

따라서 네티의 주장은 지금까지 기술-경제 패러다임에 의해 자연을 파괴하는 것에 관여했던 과학기술이, 이제는 자연과 공존할 수 있는 아이디어와 결합해야 한다는 것이다.[16] 그렇다면 과학기술은 자본이 아닌 '무엇'과 결합해야 할까? 앞서 기술했듯, 보그다노프가 내세운 것은 '사랑'이다. 이때의 사랑은 가족과 같은 친밀한 집단과의 교류를 의미하는 것이 아니라 자본주의 사회의 문법을 파괴하는 감정이었다. 메니가

---

[16] 이런 시각은 자연을 파괴하며 성장해 온 인류의 발전 도식에 대한 문제의식을 담은 인류세(Antropocene)의 문제성을 함의하는 것이기도 하다. 보그다노프의 작품과 인류세의 연관성에 대해서는 정남영(2019)에서 제기된 바 있다.

투옥된 이후 과학이 정치 세력을 위해 동원되었다는 사실을 노동자들에게 알리며, 네티가 주장하는 과학과 노동의 미래는 다음과 같았다.

현대 과학은 그것을 창조한 사회와 같다고 말입니다. 강력하지만 분열되어 있고, 자원으로 넘쳐나는 점이 말이죠. 이런 분열성 때문에 과학의 개별 분야는 분리되어 발전되었고 상호 간의 연결고리를 잃어버렸습니다. 이는 모든 형태의 왜곡과 빈곤한 인위성, 그리고 혼동을 낳았지요. 같은 현상과 개념이 다양한 학문 분야에서 제각기 다른 이름으로 불리고 있으며 각 분야에서 마치 새로운 것처럼 다루어지고 있습니다. (중략) 과학이 삶과 노동에서 분리되고, 그 기원을 잊고 그 목적을 잃어버린 탓에 많은 어려움이 생기고 있습니다. 이런 이유로 과학은 가짜 문제로 시간을 허비하고 단순한 질문에 대답하기 위해 변죽을 울리지요. (중략) 오늘날 과학이 노동계급에게 하등 쓸모가 없는 이유는 그것이 너무 어렵고 부적합하기 때문입니다. 프롤레타리아는 이를 변화시켜 습득해야 합니다. 노동자의 손에 들어가면 과학은 훨씬 단순해지고, 조화와 생명력을 갖게 될 것입니다. 과학의 분열화는 개선되어야 하며, 자신의 원초적 기원인 노동에 더 가까이 다가가야 합니다. 이는 거대한 과업입니다(〈엔지니어 메니〉, 283~284).

네티는 근대 과학기술의 분열과 소외를 거론하며, 과학이 프롤레타리아의 노동에 가까이 다가가야 한다고 주장한다. 프롤레타리아의 노동에 충실한 과학을 통해 삶과 대면한 주체의 땀과 열정을 존중하는 노동환경을 실현해낼 수 있다. 이를 위해선 노동자의 자율성을 확보할 수 있는 기계를 만드는 것이 과업이다. 과학은 어떤 기계를 만들어야 할까? 〈붉은 별〉의 '노동기록장치'가 하나의 사례라고 볼 수 있다. 이제부터라도 우리 사회의 수많은 문제를 풀기 위해 어떤 기계가 필요한지 과학자와 인문학자가 함께 고민해야 한다. 변화하는 노동의 의미는 바로 여기서 찾을 수 있다. 노동은 이제 과학자의 '기술'과 인문학자의 '아이디어'와 함께 삶을 변화시키는 주체가 되어야 한다.

4장

페미니즘의 시각으로 세상 읽기

들어가며 — 문윤성,《완전사회》

문윤성의 《완전사회》는 1965년 〈주간한국〉 추리소설 공모
전 당선작이다. 이 작품은 인류 문명의 소멸을 두려워한 사람
들이 선발한 완전인간 우선구가, 타임캡슐에서 161년간 잠을
잔 뒤 깨어나서 겪게 되는 이야기를 다루고 있다. 우선구가
마주하게 되는 미래의 지구에선 제3, 4차 세계대전이 발발하
였고, 남성들은 모두 화성으로 쫓겨나 여성들만 살아가는 여
인국이 세워진다. 여인국이 생기는 과정에서 발표된 '진성선
언'은 여성만을 진성眞性으로 인정한다는 내용으로, 근대사회

에서의 여성차별에 대한 비판의식을 드러내고 있다.

하지만 우선구는 여인국 사회에서 불안과 회피를 읽어 낸다. 이들은 지구의 안과 밖으로 위기에 직면해 있었다. 지구 바깥으로는 화성에 거주하는 남성들과 교전 중이었으며, 지구 내부에서는 성 해방을 주장하는 '희망과 우정의 모임'이 여인국의 성 정책을 비판했다. 그리고 정부 정책에 반대하는 예술가·교수 집단이 존재했다. 우선구는 이러한 상황에서 성 해방 조직과는 거리를 두며, 반정부 조직에 공감한다. 이후 반정부 조직과 연관되어 교도소에 수감되어 있던 우선구는 가상의 소설《미래전쟁》을 통해 채식주의자와 육식주의자로 나타나는 '이분법적 인식'의 극복을 주장한다. 이를 바탕으로《완전사회》내 현실의 문제가 해소되는 것으로 소설은 끝난다.

요컨대 작가 문윤성이《완전사회》를 통해 주장하고자 한 것은 이분법적 현실인식의 극복이다. 《미래전쟁》에서는 육식주의와 채식주의로 표현되었지만, 이것이 여성, 남성의 이분법 극복을 의미한다는 점을 파악하기란 어렵지 않다. 근대사회의 뿌리를 이루는 이분법적 현실인식과 과학기술의 역학관계, 그리고 이의 극복을 위한 욕망의 문제까지를《완전사회》는 폭넓게 보여 주고 있다. '여인국'이라는 문제설정을 통해 작가가 말하고자 했던 이야기의 스펙트럼을 구체적으로 확인해 보자.

젠더·노동 문제의 연관성

2016년 강남역 살인 사건, 2018년 미투 사건 등으로 젠더 문제에 대한 인식이 사회 전반으로 퍼져 나가던 시기에, 구의역 김군 사건(2016), 태안화력발전소 김용균 사건(2018) 또한 발생하였고 언론과 정치권의 큰 관심을 받았다. 훨씬 오래전부터 비슷한 사건들이 반복적으로 일어났지만, 최근에 와서 남다른 주목을 받은 이유는 무엇일까? 또, 왜 하필 젠더·노동이라는 영역이었을까?

최근의 사태는 젠더·노동 문제의 긴밀한 연관성을 보여 준다. 근대사회는 자연과 여성을 지배와 수탈의 대상으로 인식하며 발전했다. 여성의 가사노동을 착취하며 근대사회가 발전한 것은 상식에 속한다. 하지만 생산성을 갖고 있지 못한 주변부 남성의 비주체화, 혹은 여성화 경향과 같은 최근의 변화는 자본주의 근대화 과정에서 발생했던 무임금노동 착취구조가 더 정교해졌다는 것을 의미한다. 다시 말해 "자본주의 노동과 주체화의 관계를 규명하기 위해서는 근대적인 착취와 해방의 변증법으로는 충분하지 않으며 시민적 노예화라는 젠더가 기입된 문제설정을 도입해야만 한다"(권명아, 2019: 31).

이런 의미에서 최근의 사태는 신자유주의 체제의 이면과 가능성을 동시에 보여 준다. 이면은 신자유주의 체제에서 여성과 노동자에 대한 착취가 멈추지 않고 진화하고 있다는 사실이다. 이 착취문화의 공통점은 타자(여성, 비정규직)와 나의 관계를 위계화한다는 점이다. 여기에는 더 많은 자본을 얻기 위한 효율성의 가치가 작동한다.

신자유주의 체제가 담지하고 있는 가능성은 이런 착취의 구조가 가시화되고 이에 대한 공동전선이 마련되었다는 점에서 찾을 수 있다. 지금 이 시점에 젠더·노동 문제에 대해 과거와 다르게 사람들의 공동전선이 형성될 수 있었던 이유는 미디어를 매개로 사람들이 모일 수 있었기 때문이다. 테크놀로지를 어떻게 활용하느냐에 따라 오랜 문제를 해결할 가능성이 생길 수 있다.

젠더·노동 착취의 문법을 해소하는 것은 간단하지 않지만, 일단 그 연계성을 분명히 인식하고 시작해 보자. 앞 장에서는 〈붉은 별〉과 〈엔지니어 메니〉를 읽으며 기술을 사랑과 연결시켜야 한다고 주장했다. 다시 말해 테크놀로지를 자본이 아닌 사회문제를 해결하는 새로운 아이디어와 결합시켜야 한다는 말이었다. 이쯤에서 소설 《82년생 김지영》 열풍을 떠올려보자. 누군가에게는 수필과 다름없는 이 작품이 그토록 유행할 수 있었던 이유는 대중들에게 큰 공감을 얻었기 때문이다. 김미정은 기존 미학으로 《82년생 김지영》을 읽을 때 발생하는 어려움을 토로하며 "차라리 질문할 것은 《82년생 김지영》을 둘러싸고 작가의 욕망과 독자의 욕망이 어디쯤에서 어떻게 만나는지이다"(김미정, 2019: 62)라고 주장한다. 《82년생 김지영》에 담긴 작가의 욕망과 여기에 호응한 100만의 독자는 미디어를 매개로 만나고 확산되었다. 전국에 존재하는 무수히 많은 김지영이 소설을 읽고 토해 내는 당사자성의 언어는 분명, 기존의 소설 독법으로는 설명할 수 없는 것이다.

《82년생 김지영》을 읽고 공감을 표시한 세대의 정체성에 주목해야 한다. 이들은 보통 청년이라고 호명할 수 있는 20~30대이다. 비정규직과 SNS가 익숙하고 경쟁과 불안이 만성화된 이들에게 《82년생 김지영》은 또 다른 삶의 지평을 보여 주는 텍스트다. SNS는 우리의 불안을 강화하기도 하지만, 공동행동의 도화선이 되기도 한다. 2016년 강남역 살인 사건, 2018년 미투 사건이 SNS를 통해 공감의 연대를 이루었음을 기억하자. 동일한 방식으로 구의역 김군 사건과 태안화력발전소 김용균 사건에도 많은 사람들이 애도를 표하고 정부에 제도 개선을 요구했다. 이러한 조직의 방법을 테크놀로지와 사랑의 결합이라고 부를 수 있지 않을까? 기술이 자기의식과 자율성을 타인과 연결시켜 하나의 큰 무리를 만들었다는 점에서 말이다.

미디어로 연결된 수많은 주체들의 힘은 포스트 휴먼 시대의 네트워크가 작동하는 또 다른 방식을 보여 주는 것이다. 네트워크는 자본의 권력을 강화하는 새로운 제도이지만, 역으로 그 권력을 끊어낼 수 있는 욕망들을 연결하는 힘이 될 수 있다.

과학기술과 쾌락

우리나라 최초의 SF 장편소설 《완전사회》에서 주인공 우선구는 '완전인간'으로 선발되어 비커츠섬에서 161년간 잠을 자고 깨어난다. 몇 번의 세계대전을 겪으며 여성만 존재하게 된 지구에서 우선구는 여성들과 충돌하며 결국 남성과 여성의 화합을 이끌어 낸다. 《완전사회》가 거세공포증에 시달린 주변부 남성의 무의식을 통해 헤게모니적 남성성을 중심으로 조직된 박정희 체제의 균열을 노출시킨다는 평가처럼 (허윤, 2018), 이 작품은 유토피아 페미니즘과는 거리가 먼 작품이다. 즉, 《완전사회》는 여인국을 배경으로 하지만 주인공 우선구가 여성사회를 비판하며 남성과 여성의 조화를 주장하는 대목들이 곳곳에 퍼져 있는, 남성의 시각에서 창작된 소설인 것으로 보인다.[1]

그렇다면 여인국이란 설정, 정확히는 젠더갈등이라는 소설의 서사는 어떻게 이해해야 할까? 이를 확인하기 위해서는

---

[1] 현재까지 제출된 《완전사회》에 대한 평가는 1960년대 박정희라는 가부장의 중심으로 이루어진 남성성의 위계화 구조를 벗어나지 못했다는 쪽이 다수이다 (복도훈, 2011; 이숙, 2012).

《완전사회》에서 젠더갈등이 촉발되는 계기로 작용했던 과학에 대한 인식을 살펴보아야 한다. 우선구는 부부의 인연을 맺었던 장숙원의 일기를 통해 자신이 잠에 빠지고 제3, 4차 세계대전이 일어난 사실을 알게 된다. 제4차 세계대전 이후 과학자들은 사명감을 느껴 결의문2을 낭독하고 과학센터를 설립한다. 과학자들이 개발한 무기가 지구를 황폐화시켰다는 반성 끝에 현실정치에 개입하지 않겠다는 의지를 표현한 것이다. 대신에 과학자들은 서로 화합하여 의·식·주와 같은 인류 공통의 문제 해결에 총력을 기울였다.

대중들은 의식주가 해결되자 '술과 사냥', '철학과 예술', 즉 쾌락과 진리에 대한 탐구에 몰두하기 시작했다. "이상의 두 갈래 형태는 다 같이 각 개인의 감정의 발로였다." 자유롭게 자기의 감정을 표현하며 "사람들은 자연히 한곳에 못 박히듯 눌러살려 들지 않았다"(《완전사회》, 117). 세계를 유랑하는

---

2 결의문의 내용은 다음과 같았다. "첫째, 세계의 과학자들은 모든 차별감과 이기심을 떠나 부흥에 적극 힘쓴다. 둘째, 앞으로 과학자들은 정치인의 절제를 받는다. 셋째, 과학자들은 각급 과학센터를 조직하여 이를 운영 관리한다. 넷째, 과학자 및 과학센터는 인류 공동의 이익, 평화, 진보를 위해서만 활동한다."(문윤성, 2018: 110) 이하 소설의 인용은 제목과 페이지만 본문에 병기한다.

자유로운 삶이 일상화되자 여성들은 그간 자기를 억압하던 임신과 육아에서 벗어나고자 했고, 남성들은 이를 동정했다. 과학의 발달로 남성 없이 임신이 가능해지자, 여성들의 권익 찾기는 더욱 활발해졌다. 2068년 진성 선언이 발표되고 2095년에는 여성들로 구성된 '칼렘 공화국'이 선포되었다. 칼렘 공화국의 존재에 불만을 가진 남성 집단이 공화국을 약탈한 '스톤만 사건' 이후 여성들의 힘은 더욱 커져갔다. 아래는 진성 선언의 도입부이다.

우리는 일체의 낡은 관념과 그 위에 설정된 모든 제도를 무시한다. 개인의 인생관으로부터 부부의 개념, 가족 제도, 법률, 사상, 사회 조직에 이르는 온갖 낡은 것은 근본적으로 파괴되어야 할 것을 주장한다(《완전사회》, 174).

인용문에서 근대 가부장제의 남성성에 대한 비판을 읽어 내긴 어렵지 않다. 그런데 우선구는 이렇게 형성된 여인국의 모습에서 불안과 고민을 읽어 낸다. 여성들은 스스로를 진성인으로 자처하며 과거 사회의 대립과 반목이 사라졌다고 자부하지만, 수면 아래에서는 여전히 충돌이 존재한다. 이에 대한 논의는 뒤에서 살펴보기로 하고, 여기서는 여인국 당사자들, 특히 여인국을 탄생시킨 과학(자)의 문제를 살펴보도록 하겠다. 선구가 느낀 불안감의 근원이 과학혁명 이후 지구의 변화에 있기 때문이다.

정치와 결별한 과학(자)이라는 문제설정은 과학이 개별 국가(민족)의 이익과 경쟁력 확보를 위해 일하지 않겠다는 것을 의미한다. 소설의 배경이 되는 1960년대 박정희 체제하 과학기술자 양성이 보여 주는 바와 같이, 과학기술은 경제발전을 위한 전초기지였으며 궁극적으로는 국가발전을 위한 동력이었다. 다시 말해, 경제·과학·정치, 세 가지 분야가 긴밀한 협력 관계를 유지하고 있었다. 따라서 과학이 정치와 결별해야 한다는 주장은 국가발전이란 도식 속에 과학기술을 가둬버린 현실에 대한 비판으로 읽을 수 있다. 특히 남성 중심의 지배체제에 대한 비판으로 요약할 수 있는 진성 선언은 이러한 맥락에 더 힘을 실어준다.

문제는 익숙한 삶에 균열을 가하고 변화하는 과정이 무언가 잘못되었다는 점이다. 결론부터 말하자면, 제5차 세계대전 이후 남성들을 내쫓고 설립된 여인국은 생산력 향상을 위한 근대 자본주의 사회의 이분법적 구조의 문제가 극단적으로 치달은 결과이다. 과학자들이 인류 공통의 문제를 해결하자, 대중들이 '술과 사냥', '철학과 예술'에 몰두했다고 하지만, 철학과 예술 분야의 발전은 미비했다는 점에 주목할 필요가 있다.[3] 이는 곧 과학이 인류에게 풍요를 가져다주었지만, 이때의 풍요로움은 대중들에게 인간과 삶에 대한 성찰의 시간을 가져다주기보다는 술이나 사냥 같은 소비되는 쾌락만을 남겨주었음을 의미한다. 소설은 당시의 상황을 다음과 같이 묘사한다.

인기 없는 과학자에의 길 대신 대중이 쏠리는 건 무엇이었을까? 사냥과 술이 그것이다. 차츰 인구가 불긴 했으나 고작 1억 남짓한 인구에게 개방된 전 세계의 대륙과 해양은 광활하고 실속 있는 수렵장이었다. 모든 젊은이는 자신의 뚝심과 원시적 무기만으로 야생 동물을 정복하는 데 도취하였다. (중략) 술이 이렇

---

3 소설에서는 "인생의 더욱 높은 진리 탐구에 정열을 쏟는 사람들도 적지 않았다. 예술, 그리고 철학 부문도 융성하였다"(《완전사회》, 117) 라고 짧게 기술했지만, 쾌락과 흥분에 자극 받은 사람에 비해 예술, 철학 부분의 융성을 자세히 묘사하지 않는다. 후술되겠지만, 오히려 여인국의 예술(연극)은 퇴보했다고 보는 편이 타당하다.

게 판을 치는 만큼 이에 곁들이는 오락이 없을 리 없었다. 정력을 소모하는 갖가지 놀이가 성행하였다(《완전사회》, 116~117).

과학센터가 지구의 의식주를 해결하자 사람들은 더 이상 힘든 일을 하지 않고 술과 사냥에 몰두했다. 자기의 쾌락을 만족시키는 삶의 형태가 세계적 추세가 되었다. "의식주가 해결되면서부터 오히려 사기는 저하되고 전체 인민은 향락을 쫓기에 정신을 잃기 시작"(《완전사회》, 121) 한 것이다. '스톤만 사건'과 같이 향락에 취한 범죄가 발생하고 남성과 여성의 대립이 격화되어 '여인국'이 설립되었다. 그러니까 과학센터 설립 이후 지구의 변화는 인간의 자율성이 원초적 감각을 충족시키는 것으로만 귀결된 결과이다. 〈붉은 별〉에서 인간의 자율성이 '사랑'의 감정으로 승화되어서 기존의 체제와 대응했던 사실을 기억한다면, 그 한계는 비교적 명백하다. 자본주의 체제의 문법에 익숙한 환경에서 탄생한 여인국이 페미니즘의 문제의식을 실현할 가능성은 사실상 제로에 수렴하는 것이다.

의식주 문제를 해결하자 사람들이 유랑하는 삶을 살아간다는 작품의 설정은 테크놀로지의 발전이 노동 없는 미래를 만들 것이라는 현실 속 우리의 예상과도 유사하다. 기술의 발전으로 '이동성mobility'이 포스트 휴먼의 삶이 될 것이라는 예상은 점차 현실이 되고 있다. 또한 쾌락으로 귀결되었던 작품 속 인간의 욕망은 생각 없는 삶을 살면서 소비하는 주체로 탈바꿈한 현실 속 인간의 모습을 떠오르게 한다. **4** 근대사회에서 통치체제에 대항하는 폭발력을 갖고 있었던 인간의 욕망마저 상품화되면서, 자본으로부터 자유로운 존재는 아무도 없게 되어 버린 현재 인간의 자화상이 곧 《완전사회》에서 여인국이 세워질 무렵 인간의 형상이라고 할 수도 있겠다.

페미니즘의 시각

2017년 장미 대선에서 당시 문재인 후보는 페미니스트 대통령을 내세우고 당선되었다. 2016년 강남역 살인 사건 등이 이슈화되는 시점에서 '사람이 먼저인 세상'을 만들기 위해 여성

---

4 기술이 생각하지 않는 삶을 만들어 내는 맥락에 대해서는 Carr (2011) 를 참고할 수 있다.

의 시각에서 세상을 바라보겠다는 포부를 밝힌 것이다. 2017
년 2월 16일 대한민국 바로 세우기 제7차 포럼에서 당시 문재
인 후보는 육아환경 개선, 여성 고용차별 개선, 비정규직 노
동환경 개선, '젠더폭력' 범죄 처벌가중을 구체적인 성 평등
정책으로 발표했다. 단순히 '여성'을 더 고용하는 차원에 머무
는 것이 아니라, '페미니즘 시각'을 내세웠다는 점에서 긍정적
으로 평가할 수 있다.

　페미니즘 시각에서 세상을 읽고 이해한다는 것은 어떤 의
미일까? 마리아 미즈는 근대사회의 공·사 이분법과 자본축
적의 맥락 속에서 페미니즘을 검토하며 "남녀관계를 비롯해서
인간의 자연에 대한 관계, 중심부와 주변부의 관계에 이르기
까지 모든 자본주의적 가부장제의 관계들에 대해 투쟁해야 한
다"(Mies, 2014: 111)고 기술했다. 최근에는 페미니즘이 사
회를 바꾸기 위해서는 "젠더폭력은 여러 형태를 띠며, 그 모
두는 자본주의적 사회관계와 뒤엉켜 있다"(Fraser 외, 2020:
90)**5**는 사실을 인지해야 한다는 주장이 등장하기도 했다. 자

5　이 책 《99% 페미니즘 선언》은 2019년 유럽에서 '99퍼센트의 페미니즘'을
　　목표로 발표된 11가지 테제를 번역한 것이다. 여기서 저자들은 페미니즘이
　　단순히 남성과 여성의 문제가 아니라 근대 자본주의 체제의 이분법적 구조

본주의 체제와 젠더폭력의 역학관계는 그만큼 뿌리 깊은 것이다. 이러한 논의들은 이분법적 성 정체성을 밑거름 삼아 이루어진 자본축적의 메커니즘에 대해 발본적인 질문을 던지는 시각이 바로 페미니즘이란 점을 명확히 보여 준다.

한편 페미니즘 시각과 별개로 앞으로 전통적인 남성과 여성의 이원적 구조는 사라질 가능성이 높다. 〈그림 4-1〉에서 확인되듯 1인가구 비중은 계속 증가할 것이며, 〈그림 4-2〉에서 보듯 2015년부터 1~2인가구의 비중이 50%를 넘기고 있다. 결혼을 하지 않는(혹은 하더라도 아이를 낳지 않는) 이유는 여러 가지로 생각해 볼 수 있지만, 결국 경제 문제로 수렴된다. 끝없이 올라가는 아파트 가격과 결혼 비용, 세계 최고를 자랑하는 양육비, 격차사회로의 변화는 결혼을 하지 않는 이유이다. 기술의 발달로 인간의 삶이 과거보다 좋아지고 있지만, 조금만 생각해 보면 우리가 만족을 느끼는 많은 경우는 상품을 구매하는 순간이다. 우리가 성능 좋은 컴퓨터나 새 차, 혹은 서울의 중심지 아파트를 사려는 이유는 그 제품이

(비정규직·정규직, 여성·남성 등)에 대한 본질적인 비판의 시선이라는 점을 강조한다.

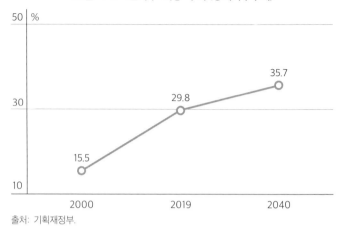

〈그림 4-1〉 1인가구 비중 추이 (장래가구추계)

출처: 기획재정부.

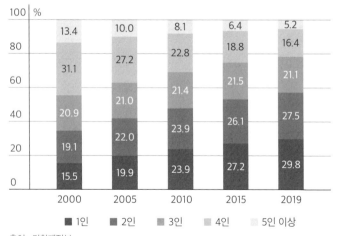

〈그림 4-2〉 가구원수별 비중

■ 1인 ■ 2인 ■ 3인 ■ 4인 □ 5인 이상

출처: 기획재정부.

꼭 필요해서가 아니라 그 물건을 소유할 때 느낄 수 있는 만족감 혹은 편리함 때문이다. 그리고 각각의 제품은 그것을 소유하는 순간 새로운 네트워크의 세계로 연결된다. 가령 서울 강남의 아파트를 소유하려는 이유는 강남이 상징하는 교육문화 네트워크에 편입됨으로써, 남들보다 더 나은 삶을 살려는 욕망 때문이다. 이렇게 본다면, 현재 우리의 상황은 과학이 의식주 문제를 해결하자 쾌락과 향락에 몰두했던 소설 속 사람들과 유사하다고 할 수 있지 않을까?

과거에는 노동력 재생산이 이루어지는 가정은 생산현장이 아니었다. 많은 아이를 낳아야 공장 노동자로 취업시킬 수 있기에 '자식 = 노후'라는 등식이 성립될 수 있었지만, 그것은 어디까지나 비가시적 영역에서 이루어지는 사적 행위에 불과했다. 하지만 정보화시대에 노동 생산성은 노동자의 숫자로 결정되지 않는다. 상상력과 정보, 감정과 같은 비물질적 항목들이 생산수단이 되기 때문이다. 이는 곧 인간의 사적 영역까지 상품화하는 시대가 되었음을 의미한다. 6

---

6 여성의 영역으로 여겨졌던 출산, 육아의 상당 부분이 상품화된 지 오래다. 어느 순간 출산 후 당연한 코스가 된 산후조리원, 정부의 출산보조금 액수에 맞춰 업그레이드 된 임신-출산비용, 여성의 돌봄노동을 경감시키기 위

따라서 페미니즘의 시각을 현실화하는 과정은 조금 복잡하다. 우선 필요한 것은 이미 지적된 바와 같이, 자본주의 축적 체제를 인식하며 남성들의 반격을 넘어서야 한다. 여전히 이성적으로는 변화를 생각하지만, 고착된 성 관습에서 벗어나지 못한 남성들이 많다. 또한 과학기술이 만들어 낸 환경 속에서 우리의 감정을 어떻게 사용해야 할지를 고민해야 한다. 과학이 우리의 감정까지 상품화하는, 그래서 강제적으로 이분법적 구도가 재편된 지금의 사회에 대한 인식도 필요하다.

　《완전사회》는 이러한 근대 자본주의 사회에서 포스트 자본주의로의 변화 과정을 날카롭게 포착한다. 특히 자본주의 구조 변동에서 테크놀로지와 인간의 욕망이 맺는 역학관계에 천착했다. 과학자들은 탈이데올로기를 추구하며 지구의 번영을 위해 노력했지만, 그것이 또 다른 정치로 기능할 수 있다는 점을 간과했다. 과학이 이데올로기를 벗어나자 그간 잠재되어 있던 인간의 물질 욕망이 전면화되었다. 다시 말해 여인국

해 마련된 시간제 보육교사 등 출산과 양육에 관련한 상당 부분이 상품이 되었다. 구조를 해결하지 않고 땜질식 처방으로 출산율 문제를 해결하는 과정에서 발생한 일이다. 엄청난 세금을 쏟아 부었지만, 출산율은 시간이 지날수록 오히려 떨어지고 있다. 본질적인 대책이 필요한 것이다.

은 이념적 대립이 사라진 시대에 자본주의가 전면화된 사회의 자본과 소비에 대한 욕망이 만들어 낸 체제이다. '이동성' 혹은 '유동성' 개념은 이를 상징적으로 보여 준다. 이런 점에서 《완전사회》가 예상한 미래 사회는 상당 부분 정확했다.

쾌락을 위한 기계

오랜 잠에서 깨어난 우선구는 병원에서 탈출을 시도하다 검거된 뒤에, 제5특수정보국에 소속되어 도시의 공장과 초급학교를 견학한다. 공장은 기계에 의해 완전히 자동화되었고, 음악과 향기가 기계와 조화를 이루고 있었다. "이곳의 기계들은 단순한 물건이 아니라 감정이 담기고 품위가 갖춰진 어엿한 영적 존재 같았다."(《완전사회》, 225~226) 인간은 기계를 관리하는 역할을 하며, 기계-인간의 조화를 중요하게 생각했다. 초급학교는 교과서가 없고, 놀이를 통해 수와 물리, 천문 등을 가르치고 있었다. 다시 말해 소설에서 직접적으로 묘사되지는 않지만, 여성들의 세계에서 과학은 〈붉은 별〉의 경우와 유사하게 인간과 비인간의 위계구조를 허물고 조화를 이루는 것에 기여했음을 짐작할 수 있다.

또 〈붉은 별〉의 화성과 여인국은 민족(국가)과 민족(국가)의 대립이 사라졌다는 공통점을 가지고 있다. 여인국에서는 "조국이니 모국이니 하는 국수 관념은 아예 깨끗이 청소"(《완전사회》, 293)되고, 언어는 '헤민어'로 통일되었다. 여인국의 통치체제는 대중들의 힘이 권력에 반영된다는 특징을 갖는다. 그들은 고위 관리의 24시간을 빠짐없이 공개했으며, 세계정부의 고위 임원 나이는 평균 26세다. 이 체제는 세계정부-지역권-사회권의 구조로 지구를 통치하고 있는데, "사회생활의 기간이 되는 사회권에 독자적인 입법기관이 있고 또 세계정부의 입법의원 선거권이 사회인에게 있어 지방 정부, 세계정부의 3단계 통치의 묘"(《완전사회》, 286)를 발휘하고 있다.

하지만 〈붉은 별〉의 화성과 다르게 여성들의 세계는 불안했다. 바깥으로는 화성에 사는 남성들과 교전 중에 있었으며, 내부적으로는 '희망과 우정의 모임'이라는 성 해방 조직이 지하에서 움직이고 있었다. 이러한 지구 안팎의 대립구도는 개인의 내면 감정과 관련해서 형성되었다. 남성들은 여성들과의 대립이 격화되어 화성으로 쫓겨났으며, 성욕을 억압하는 여인국의 법이 '희망과 우정의 모임'이라는 이적 단체가 탄생한 이유이다. 여인국의 최고 지도자가 살고 있는 헤어지루의 중앙병원으로 오게 된 우선구는, 여인국에 대한 인상을 묻는 시니의 물음에 다음과 같이 말한다.

그야 겉모양은 많이 달라졌겠죠. 그런 변화는, 비록 자유롭지 못한 환경에 있었지만 나도 어느 정도 인식할 수 있었소. 그러나 더욱 본질적인 면, 인류사회의 기본 형태는 조금도 변함이 없는 것 같아요. 인간 대 인간, 또는 어느 집단 대 집단의 대립, 이를 해결하기 위한 심각한 투쟁, 심지어 인간 상잔의 처참한 모습마저 예나 지금이나 ⋯ (《완전사회》, 278).

선구는 힘과 힘의 투쟁이 벌어지는 여인국의 모습에 주목한다. 과거와 비교할 수 없을 만큼 노동·교육 현장은 발달했으나, 과거 사회의 민족과 민족 대결 같은 힘의 대립이 변주되어 존재한다는 점을 간파한 것이다. 여기서의 힘의 대립이란 성욕을 억압하는 여인국의 체제를 둘러싼 현상이다. 여인국은 성인이 되어 사회권의 구성원이 되면 위생국으로부터 홀랜 면허증을 받고 '홀랜의 집'을 이용하게 된다. 홀랜의 집에서만 성행위를 해야 하며 그 밖의 공간에서 하는 것은 엄격하게 통제하고 있다. '인민의 건강을 보호하고, 인민의 기호를 존중하고, 금지를 보장'한다는 명분으로 만들어진 홀랜의 집은 사람들의 욕망을 국가가 통제하기 위한 기구이다. 국가가 성행위를 억압한 이유는 다음과 같았다.

성본능은 인간인 이상 누구나 가졌을 뿐 아니라 누구에게도 양보할 수 없고 누구도 제지할 수 없는 강렬한 작용을 가진 본능이며, 모든 생활은 여기에 달려 있다고 해도 과언이 아니겠지요. 성 문화가 바로 인류 문화라고도 하잖습니까. (중략) 공기에는 임자가 없고 성격이 없으나 성에는 불가침의 소유권과 저마다의 개성이 있습니다. 뿐더러 개인에 따라, 지방에 따라, 종족에 따라, 그리고 시간, 장소, 환경에 따라 성행위의 형태는 실로 천태만상이니 성행정을 담당한 책임자는 처음에는 성의 의의, 성행위의 규범조차 손을 못 댈 정도였습니다(《완전사회》, 382).

여인국이 성행위를 억압한 것은 개성이 자유롭게 발휘되는 것을 두려워했기 때문이다. 단일국가 체제에서 국가의 통제가 불가능한 성본능은 언제든 공격성을 발휘할 수 있기에 매우 위험한 대상이다. 게다가 몸과 몸이 부딪치는 섹스는 양성 시대의 산물로, 여인국에서는 허용하기 어려웠다. 그래서 여인국의 시선에서 섹스는 타인과 결합하여 사회질서에 혼란만 가져다주는 행위로 무기징역에 처하는 중범죄이다. 홀렌의 집에서 기계의 힘으로 만족감을 느끼는 것이 훨씬 더 쾌락적이고 현명한 행동이다.

홀렌의 집은 인간 신체와 욕망을 쾌락의 추구라는 수동적 목표로 고정시키는 기계이다. "오토메이션은 오토메이션. 기계에는 애정이 없었다. 감정을 속삭이고 의지하고 받아 주는 멋이 없는 것이다"(《완전사회》, 388) 라는 우선구의 말처럼, 여인국 사람들은 홀렌의 집에 만족하지 못했다. 그렇다고 '희망과 우정의 모임'이 체제 전복의 목적을 가지고 행동했다고 보기는 힘들다. 선구가 정부반대 모임에 참석했다 감옥에 구금되어 있을 때, '희망과 우정의 모임'에서 선구를 구출해 자신들의 아지트로 데려간다. 그 자리에서 여성들은 "애써 여성다운 자세를 취하고", "화장을 하고 말이나 행동에 교태"(《완전사회》, 427) 를 부렸다. 선구는 이제껏 한 번도 보지 못했던 성적 분위기를 경험하고 스스로 탈출해서 다시 감옥으로 돌아온다.

그렇다면 지금 필요한 것은 철학의 측면에서 섹스의 상징적 의미를 해석하는 일이다. 쾌락으로서의 섹스가 소비되는 수동적 감정만을 대상으로 한다면, 철학으로서의 섹스는 지속되는 적극적 감정을 창출한다. 〈붉은 별〉에서 레니와 네티의 키스 장면과 사랑이라는 감정을 생각해 보자. 보그다노프가 사회주의 소설의 심층을 사랑 이야기로 만든 것은, 두 사람의 적극적인 감정이 지구의 이분법적 사회구조를 흔들 수 있는 힘이라는 사실을 인지했기 때문이다. '희망과 우정의 모임'의 존재는 여인국이 인간의 내면 감정을 〈붉은 별〉과 반대 방향으로 이끌었음을 확인시켜 준다.

욕망과 정치

풍기문란을 이유로 국가에서 성을 억압하는 것은 근대국가의 특징 중 하나이다. 일제 강점기부터 2000년대까지의 풍기문란의 역사를 추적한 한 연구자의 문제의식에 따르자면, "풍기문란 연구는 당대 부적절한 것으로 간주된 정념이 정치적 열정으로 이행하는 역사적 맥락을 추적하는 작업이다"(권명아,

2013: 14). 근대국가는 국민의 가장 내밀한 감정을 통제함으로써 질서를 유지해 왔다. 우선구가 여인국에서 느낀 불안함의 근원은 바로 여기에 있다. 인간의 가장 내밀한 감정을 통제한다는 점, 이는 곧 정권이 바뀌었어도 여전히 억압적 통치체제가 유지되고 있음을 의미하는 것이다.

여인국의 억압적 통치체제는 예술과 교육에 종사하는 사람들이 중심이 된 반정부 지하조직에서 분명하게 드러난다. 헤어지루의 아무도 없는 극장에서 연극을 감상한 우선구는 연출자에게 광고를 해서 관객을 모으라고 조언한다. 하지만 연출자는 "오늘의 사회인들은 예술에는 장님"이라고 선언하며 "정부는 사회인들을 모조리 바보로 만들고 있어요. 잘 아시겠지만 지금 전 인구의 90퍼센트는 변태 성욕자"(《완전사회》, 311)라고 일갈한다. '희망과 우정의 모임' 사람들을 쾌락만을 추구하는 바보로 인식한 것이다. 이후 우선구는 연출자가 포함된 비밀 지하조직을 알게 된다. 이 집단은 정부와 비밀리에 성행위를 하는 사람들, 모두를 비판하며 다음과 같은 인식을 공유했다.

분명 정부는 인민 대중을 유치한 저능아로 만들어 무기력하고 무능력하고 무지몽매한 노예로 만들어 놓으려는 겁니다. 금년에 새로 제정한 대학 교재 한 가지만 보더라도, 정부의 문교 정책이 무엇을 의미하는지 알고도 남음이 있어요. 금년도 대학 교재의 수준은 작년보다도 더 얇습니다. 작년도는 재작년보다 얇고 그 전해는 그해의 전년도 것보다 더 얇고 이렇게 거듭해 온 결과 금년도 대학 교재는 거의 5년 전 단련학교의 그 정도와 같은 것이 되고 말았어요(《완전사회》, 367~368).

인용문은 정부가 대학교육을 이용해서 시민들을 바보로 만든다고 한다. 《에레혼》의 비이성의 대학을 떠올리게 하는 여인국의 대학은 정부에 대한 비판적 시각을 전혀 갖지 못하는 사람들을 만든다. 이런 인식을 갖춘 지하조직의 존재는 희망과 우정의 모임과 여러모로 비교된다. 우선 이들은 욕망이란 문제의식을 공유한다. 하지만 자기의 욕망을 사용하는 방식에서 차이가 있다. 앞서 기술한 바와 같이 희망과 우정의 모임은 자기의 쾌락을 소모하는 행위에 목적을 두었다면, 반정부 지하조직의 욕망은 직접적으로 정부를 겨냥한다. 전자의 욕망은 정부 정책에 맞지 않는다는 점에서 반정부 지하조직의 문제의식과도 일부 연결된 것으로 보이나, 웅성 시대의 남성에 대한 동경을 가지고 우선구를 교주로 추대하는 행위가 보여 주듯, 근본적으로 감정을 소비하는 것에 더 큰 비중을 둔다.

우선구는 지하조직의 모임에 참여하고 "이 사람들과 나는 서로 상통하는 심정을 갖고 있을지도 모를 일이다"라고 생각한다. 이렇게 본다면 우선구를 남성 이데올로기의 대리자로 보는 것은 성급하다. 오히려 그는 박정희 정권의 풍속 통제에 대한 비판적 인식의 소유자로 해석될 수 있다. 박정희 정권은 경제성장을 위해 과학기술을 동원하고 젠더의 위계구조를 고착화했으며, 정부 정책에 자발적으로 따르는 주체들을 만들기 위해 불온한 정념을 통제했다. 물론 정부의 강압적 통치에 대중이 일방적으로 따르기만 한 것은 아니다. 부에 대한 욕망이 대중들의 마음에 스며들자, 그들은 스스로 경제만능주의가 중심이 되는 일상을 살았다. 그러니까 우선구가 여성사회에 동의할 수 없는 것은 국가 체제의 유지를 위해 성과 예술을 통제한 정권 때문이다. 정권이 남성에서 여성으로 이관되었을 뿐, 통제 방식은 전혀 변하지 않았다. 성 본능의 통제는 경제에 대한 욕망으로 주체의 내면을 가득 채울 가능성이 잠재된 행동이란 점에서 더욱 문제적이다. 이 점은 소설의 후반부에서 우선구가 자신이 미래로 온 사명을 생각하는 대목에서 분명하게 드러난다.

　선구는 이 세상 사람들에게 말해 주고 싶었다. "사회 불안의 제거 없이 참된 행복은 있을 수 없다." 그들은 혹 다음과 같이 말할지도 모르겠다. "오늘날 사회 불안의 씨는 성 문제에 걸려 있다. 께브와 두버무의 처리가 그것이다. 이것만 해결하면 된다." (중략) '오늘에 있어 성 문제도 중요하지만 보다 큰, 아니 오직 이것만이 절대 과제인 것은 인간본질의 규명, 다시 말하여 인간본질의 발견이다. 이것 없이 사회의 성공적 성립이란 있을 수 없다. 이제 우리는 인류사회의 타성에 종지부를 찍어야 하겠다.' (《완전사회》, 416)

　우선구는 성 문제는 여인국의 겉으로 드러나는 문제이고, 본질적 문제인 "인류사회의 타성"을 해결해야 한다고 주장한다. 성 문제를 남녀의 대결구도가 아니라 타인과의 비교 속에서 나의 위치를 공고히 하고자 했던 근대 인간의 본질로 파악한 것이다. 다시 말해 사적 영역·공적 영역, 남성·여성, 백인·흑인 등 이분법적 구도를 바탕으로 타자와의 비교 속에서 자기를 인식하는 근대인의 정체성 형성 구조에 대한 비판이다.

우선구는 이러한 생각을 여인국에 전달하기 위해 육식주의자와 채식주의자의 대립과 화해의 과정을 다룬 가상의 소설 《미래전쟁》을 집필한다. 육식주의자와 채식주의자의 대립이 여성과 남성의 대립을 상징한다는 점은 어렵지 않게 알 수 있다. 《미래전쟁》이 계기가 되어 여인국의 안과 밖의 대립이 해소되는 것으로 《완전사회》는 마무리된다.

말하지 못한 것

《완전사회》 결말의 화해는 갑작스럽다. 우선구의 각성과 가상소설의 집필이란 설정이 결말을 위해 짜 맞춘 것 같은 느낌을 지우기 어렵다. 하지만 이는 반대로 《완전사회》를 통해 저자가 말하고자 한 점이 명확했음을 증명한다. 그것을 표현하기 위한 방법이 투박했을 뿐이다.

저자가 말하고자 한 것은 한마디로 '인간혁명'이다. 《미래전쟁》에서 채식주의자 켄타리 엄마는 육식주의자 루시 모녀를 돌보며, 딸들과 전쟁의 불합리함을 토론한다. 그녀는 사학과 출신으로 역사에 밝았다. 그녀가 인식한 역사에서 인간은 타인과 경쟁하고 싸우면서 인류를 발전시켰다. 이와 같은 인간 본성으로 인해《완전사회》속 근대에서는 남성이 제거되었으나, "남성의 횡포는 합리적으로 제거되어야지 남성 자체의 말살은 여성에게도 이롭지 못했다". 따라서 우리에게 필요한 것은 경쟁과 싸움으로 인류를 이끌어 온 인간 본성을 혁명하는 것, 즉 "인간혁명, 이 길만이 우리의 돌파구다"(《완전사회》, 462).

　카롤린 엠케는 타인에 대한 혐오가 일상화된 현상을 분석하며 " '타자'는 위험한 힘을 지녔거나 열등한 존재라고 근거 없이 추정되고, 따라서 그들을 학대하거나 제어하는 행위는 단순히 용서할 수도 있는 일이 아니라 반드시 수행해야 하는 조치로 추켜올려진다"(Emcke, 2017: 18)고 말한다. 타자를 제거해야 하는 존재로 사고하게 된 것은 자본주의가 우리에게 심어 놓은 세계관 때문이다. 기계의 발달로 인한 일자리의 감소, 비정규직 노동의 일상화 등의 현상은 우리에게 자조와 분노를 가져온다. 무한경쟁이 일상화된 현실에서 사람들은 타자를 넘어서야 하는 대상으로 정의한다. 근대를 지나 포스트근대로 접어들고 있지만, 이분법적 현실인식은 더욱 공고히 우리 삶에 자리 잡고 있다. 우선구가 자각한 "인간혁명"이란 바로 이러한 삶의 패턴을 극복하는 존재로서 포스트 휴먼을 사유한 것이다.

하지만 소설은 인간혁명이 어떻게 달성될 수 있을지에 대해서는 말하지 못했다. 어설픈 화해가 인간혁명을 이룰 수 없다는 사실은 자명하다. 일단 주목할 것은 인간의 욕망이다. 소설에서 욕망은 쾌락의 측면으로 정의되었지만, 한편으로 욕망은 유동적이며 정치적인 것이다. 비밀 지하조직의 욕망을 떠올리면 쉽다. 이 두 가지 욕망을 최근 버전으로 숙고해야 한다.

'희망과 우정의 모임'이 함축하고 있는 쾌락적 측면으로서의 욕망은 자본이 우리에게 가져다주는 만족감이다. 더 좋은 옷과 더 좋은 차를 소유하게 되었을 때 느끼는 기분이 이때의 쾌락이다. 우리는 더 많은 자본을 얻기 위해 경쟁을 통해 좋은 대학에 가고, 좋은 직장을 얻으려고 한다. 한편 우리는 경쟁사회에서 뒤처진다는 불안감이 공유될 때 안도감을 느끼고 용기를 얻기도 한다. 이렇게 공유된 감정은 문제 해결을 위한 실천으로 나아갈 수 있는 가능성이 잠재된 상태이기도 하다.

후자의 유동적이며 정치적인 욕망은 주체의 정동되기를 가능케 하는 힘이다. "정동이란 몸의 운동을 그 잠재태 — 존재하거나, 더 정확히는 행하게 되는 역량 ― 의 관점에서 바라본 것"이며, "그것은 활동의 양태들, 그리고 그들이 어떤 방식의 역량들을 추진하는가와 관련"된다(Massumi, 2018: 31). 다시 말해 정동은 주체가 타자들과 관계 맺으며 형성되는 내면의 변화와 그로부터 비롯되는 자기확산의 과정이다. 《완전사회》가 말하고자 했던 인간혁명의 방향은 전자에서 후자로의 이동이다.

이런 방향의 인간혁명이 이루어지기 위해서는 기술의 도움이 필요하다. 여인국에서는 '홀랜의 집'이란 기계로 사람들의 쾌락을 만족시키고자 했다면, 경쟁과 싸움을 금지하기 위해서는 어떤 기술과 기계의 도움이 필요할까? 이에 대한 구체적인 논의가 필요하다. 어쩌면 여인국과 〈붉은 별〉의 화성이 공통적으로 가지고 있는 문화에 힌트가 있을지 모르겠다. 노동자가 없는 공장은 노동자들에게 많은 자유시간을 줄 것이다. 노동시간과 일의 효율성이 비례하지 않는 시대에, 각자의 특이성을 어떻게 발휘할 수 있을지가 관건이다. 젊은 세대가 정치의 중심에 서는 것을 통해 기득권을 넘어서 새로운 삶을 만들 수 있다. 입시교육을 벗어나 자기의 개성을 살릴 수 있는 교육제도가 마련되면 학벌체제는 자연스럽게 사라질 것이다. 이 모든 변화를 이룩하려면 자본축적을 위한 소통의 방법과 단절하고 새로운 연결 방식을 만들어야 한다.

그 시작은 근대의 이항대립을 극복하는 일이다. 《완전사회》는 남성과 여성의 대립이라는 표면적 구도 속에서 과학기술과 젠더, 그리고 욕망의 관계를 제시했다. 우리는 《완전사회》라는 텍스트가 1960년대의 당대적 맥락과, 소설 속 시간이자 현재 우리의 시간인 포스트 휴먼 시대에서 갖는 의미를 각각 확인할 수 있었다.

먼저 당대적 맥락에서 《완전사회》는 근대 가부장제 사회의 축적 구조를 환기한다는 의미를 갖는다. 남성 중심의 공적 사회의 자본 생산성을 위해 여성을 가정이라는 비가시적 영역의 존재로 여겼던 근대국가 체제에 대한 비판적 인식은 1960년대 박정희 체제를 염두에 둔 것이라고 할 수 있다. 대중소설로서 《완전사회》는 대중의 흥미를 자극하여 큰 인기를 얻었지만, 작품의 의미가 단순히 상업성으로만 귀결되지 않았던 것이다.

현재적 맥락에서 《완전사회》는 포스트 휴먼이 되기 위한 조건을 상기시킨다. 포스트 휴먼이란 근대의 이분법적 축적 구도로부터 벗어나 인간의 자율성을 확장하는 존재이다. 예를 들어 근대에는 젠더모순을 해결하기 위해 남성 권력을 해체하려 한 이데올로기적 접근이 이루어졌다. 이것은 개인의 행동을 위해 '이데올로기'를 다리로 이용하는 것이다. 하지만 '젠더'라는 법칙을 벗어나기 위해서 필요한 것은 남성과 여성의 위계구조에 대한 이데올로기적 접근이 아니라, 개인의 몸에 스며들어 있는 젠더의 경로를 벗어나는 일이다. 권력은 외부로부터 강제하지 않고, 우리의 몸에 권력을 따르는 회로를 심어놓는다. 포스트 휴먼이 된다는 것은 정동을 지배한 권력자의 시선과 어긋나는 방향으로 나아가는 것이다. 페미니즘은 이를 가능하게 만드는 중요한 통로이자 실천이다.

5장

포스트 휴먼, 코로나19 이후의 삶

들어가며 — 존 발리, 〈잔상〉

우리는 지금까지의 논의를 통해 자본주의 사회의 이분법적 현실인식의 구조로부터 벗어날 수 있게 해주는 욕망의 필요성을 알 수 있었다. 기계를 자본과 결합시켜 인간의 위계구조를 강화하는 것이 아니라, 인간의 소통을 위해 기계를 사용할 수 있는 방법은 무엇일까?

마지막으로 살펴보고자 하는 존 발리의 〈잔상〉은 보이지도 들리지도 않는 자들의 공동체 '켈러'를 경험하고 결국 켈러 공동체로 도약한 정상인 '나'의 이야기를 다루고 있다. 주인공

'나'는 경제불황이 오자 대도시를 떠나 지방을 전전하다 켈러 공동체에 가게 된다. 켈러 공동체는 시각·청각 장애인들의 공동체로, '몸'을 이용하여 소통하는 곳이다. 성별을 구분하지 않고 상대의 신체를 만지고, 음식을 손으로 먹여 주며 소통하는 것이다. 주인공은 이런 켈러의 소통 방식에 적응하려고 노력하지만 결국 켈러를 떠난다. 정상인으로서 자기의 내면까지 드러내야 하는 것이 부담스러웠던 것이다. 하지만 2000년이 되는 해에 주인공은 다시 켈러 공동체를 찾고, 그들과 같은 보이지도 들리지도 않는 사람이 되는 것으로 소설은 끝난다. 켈러 공동체의 소통 방식은 지금-현재 우리에게 어떤 의미를 갖는 것일까? 과연 켈러 공동체의 삶은 우리의 대안 공동체가 될 수 있을까?

유토피아? 디스토피아?

지금까지 포스트 휴먼의 조건에 대해 탐색했다. 《에레혼》의 역설적인 상황은 주인공이 에레혼 사람들의 노동력을 착취한다는 결말로 이어지며, 에레혼 마을의 역설이 자본주의 사회의 일상이 될 것임을 예견했다. 에레혼 마을은 기계를 추방했지만, 아이러니하게도 바로 그 사실이 자본에 대한 인간의 욕망을 더욱 심화하는 계기가 되었다.

　우리는 몸과 마음이 이미 기술과 불가분의 관계를 맺고 있다는 사실을 인정하고, 삶의 기술적 구조를 새롭게 구획할 수 있는 시각을 확보해야 한다. 다시 말해 포스트 휴먼은 기계와 협력하여 그간 자본의 위력에 눌려 삶의 이면에 잠재되어 있던 '공통성'[1]에 대한 의식을 가시화해야 한다. 우리는 이것의 구체적인 방식을 〈붉은 별〉, 〈엔지니어 메니〉와 《완전사회》에서 확인할 수 있었다. 러시아 혁명기 좌익 볼셰비키 보그다노프의 철학을 담고 있는 〈붉은 별〉과 〈엔지니어 메니〉는 자연으로부터 노동 생산성을 뽑아냈던 근대의 사고체계에 비판적 시각을 보내며, 자연과 공진하는 기술의 필요성을 주장한다. 《완전사회》에서는 자연과 인간, 여성과 남성의 이분법을 해소할 수 있는 적극적 감정의 연결을 피력했다.

　《에레혼》에서 발견한 역설의 해소는 〈붉은 별〉, 〈엔지니

1　3장에서 '소유로서의 사랑'과 '공유지로서의 사랑'을 논의하며 '공통적인 것'에 대해 이야기한 바 있다.

어 메니〉 그리고 《완전사회》가 말하는 바처럼, 쾌락을 추구하는 나의 욕망에 대한 인식과 전도의 과정을 통해 가능하다. 자본주의 사회에서 나의 욕망은 자본을 소유해야 해결할 수 있다고 여겨진다. 이를 위해 인간은 비용을 지불하지 않고 자연을 개발하며 경제성장을 이룩했다. 테크놀로지는 이러한 성장중심주의로의 가속도를 높이는 것에 힘썼다. 노동(력)은 자본가의 입장에서는 개발에 드는 비용을 측정하는 수단이었으며, 노동자의 입장에서는 삶을 유지하기 위한 방법이었다. 그 결과 불안과 자조의 사회가 도래했다.

존 발리의 〈잔상〉은 이상의 모든 문제가 해결된 공동체를 다루고 있다. 이 작품은 심각한 경제적 위기가 미국을 덮친 1990년대 초반, 주인공 '나'가 보이지도 들리지도 않는 자들의 공동체, '켈러'에 정착하는 과정을 그리고 있다. 1964년 미국에서 대유행한 풍진으로 시력과 청력장애를 가진 5천 명의 농아가 태어났다. 그들 중 정상적인 지능을 가진 아이들은 특수교육을 받으며 성장했고, 다시 상위 10%의 지능지수를 가진 70여 명의 아이들은 지자체와 학교 당국의 통제를 벗어나서 자신들의 운명을 스스로 개척하기로 했다. 이들은 "농아에 의한, 농아를 위한 생활방식, 그리고 언제나 그렇게 살아왔

으니 앞으로도 그래야 한다는 인습을 전면적으로 거부하는 생활방식을 만들어 완전히 새로운 출발"(〈잔상〉, 159)을 하는 것을 목표로, 정부로부터 받은 연금으로 뉴멕시코주의 토지를 매입하여 자신들만의 공동체를 완성했다. 1986년 봄, 55명의 농아와 그들 사이에서 태어난 아이 9명이 뉴멕시코주에 위치한 켈러 공동체로 이동했다. 그리고 소설은 1990년대 초 주인공이 켈러 공동체에 들어가는 것으로 시작한다.

켈러 공동체는 보이지도 들리지도 않는 사람들이 만든, 그들의 유토피아다. 장애를 가지고 있는 사람들이 보청기 따위의 도움으로 기존 문명사회에서 생활하지 않고, 그 바깥에 만든 공동체이다. 이로 인해 켈러 공동체의 문화제도는 기존 문명사회의 방식과 크게 다를 수밖에 없다. 켈러 공동체는 언어와 얼굴 표정이 아니라 신체의 접촉을 통해 소통한다. 그들은 옷을 잘 입지 않고 신체의 은밀한 부위까지 스스럼없이 만지며 대화한다. 몸과 몸을 접촉하면서 상대방의 의사와 감정을 느낀다. 공동식사 시간에 켈러 사람들은 손으로 음식을 집어서 이웃 사람에게 먹여 주기도 한다. 그들의 몸은 음식물로 더럽혀지지만, 아무도 그런 것을 신경 쓰지 않는다. 또, 마을의 모든 물건을 약속된 장소에 배치해 놓고 촉감을 사용하여 공동작업을 한다. 당연히 속도가 떨어질 수밖에 없지만, 이들에게 속도는 중요한 가치가 아니다.

따라서 문명생활에 익숙한 우리에게 켈러 공동체는 '디스토피아'로 보이기도 한다. 당장 옷을 벗고 낯선 사람과 손으로 밥을 먹는다고 생각해 보자. 이 상황을 웃으며 즐길 수 있는 사람은 많지 않을 것이다. 우리에게 켈러의 문화는 원주민들의 모습과 유사하다. 시선을 조금만 달리하면 켈러는 미국을 중심으로 한 자본주의 사회의 안전망으로부터 고립된 작은 공동체에 불과하다. 소설의 주인공도 미국 시카고에서의 삶에 적응하지 못한 실업 상태로 떠돌다 켈러에 들어가게 되었으며, 경제불황이 잠잠해지자 다시 대도시로 간다.

켈러 공동체는 유토피아인가? 디스토피아인가? 단순히 생각하면 마을을 만든 농아들에게 켈러는 유토피아이고, 문명의 삶에 익숙한 우리에게는 디스토피아다. 진짜 그럴까? 어쩌면 이런 판단을 지속하는 한, 포스트 휴먼의 삶이란 영원히 불가능할지도 모른다. 문명사회의 기준으로는 사회적 약자로 분류되는 장애인들의 공동체에서 새로운 삶의 방법을 배울 수 있을지도 모를 일이다.

민주적 공산주의

켈러 공동체는 '재닛 라일러'라는 인물이 문명사회의 생활방식과 관습을 검토하고 만들었다. 그녀는 독보적인 리더십을 발휘하여 공동체를 만드는 구심력이 되었지만, 공동체가 완성되자 곧 지도자의 위치에서 내려온다. 그녀가 이런 궤적을 보인 이유는 다음과 같았다.

첫 번째 원칙은 재닛 자신이 회장이나 의장, 수석, 아니면 최고 지도자 같은 직위를 절대 맡지 않는다는 것이었다. 그녀는 완전히 새로운 삶의 방식을 원하는 자신들의 보이지 않는 욕망을 목적의식으로 전환하기 위해서 처음에는 계획을 세우거나 땅을 구입해야 하는 등 강한 추진력을 가진 사람이 필요하다는 것을 잘 알고 있었다. 하지만 약속의 땅에 도착한 순간, 그녀는 그 일을 놓아 버렸다. 그때부터 그들의 공동체는 민주적 공산주의로 운영되었다. (중략) 두 번째 원칙은 그들이 어떤 것도 본받지 않는다는 것이었다. (중략) 과거에 자신들의 요구에 맞지 않는 틀에 강제로 맞춰진 채 살았다는 것은 알고 있었지만, 그 외에는 어떤 것도 몰랐다. 그들은 농아들이 실천할 수 있는 행동양식과 도덕규범을 찾아내야만 했다. 그들은 도덕의 기본원칙은 이해하고 있었다. 그것은 언제 어느 곳에서나 보편타당한 도덕은 없으며, 특정한 상황에 맞는 특정한 도덕이 있을 뿐이라는 원칙이었다. 도덕은 행동의 사회적 맥락과 관련이 있었다(〈잔상〉, 176~177).

추진력을 가진 사람이 문명사회의 틀과 단절하고 '민주적 공산주의' 원칙에 따라 세운 공동체가 켈러 사회다. 다시 말해 "농아들이 실천할 수 있는 행동양식과 도덕규범"이 개념화된 것이 바로 민주적 공산주의이다. 민주주의와 공산주의, 얼핏 만날 수 없는 극단의 이념으로 보이는 두 개념이 공존할 수 있는 이유는 무엇일까? '민주적 공산주의'는 시각과 청각이 상실된 개인들의 상황에 맞는 새로운 원칙이다. 핵심은 실존했던 공산주의 국가와 다른 '공산주의'라는 점, 즉 지도자가 존재하지 않는다는 사실이다. 이는 지식인 주체에 의해 교화되어야 할 대중이 아니라, 역사를 만들어 가는 힘을 가진 주체로서 대중을 인식한 것이다. 그래서 '재닛 라일러'는 켈러에 도착하자 리더의 자리를 내려놓았다. 농아들 각각의 특이성을 인정한다는 점에서 민주적이지만, 각각의 특이성이 분화

된 채 존재하지 않고 공통의 세계로 포섭된다는 점에서 '공산
주의'의 문제의식을 계승한다.

조디 딘은 4차 산업혁명의 시대에 테크놀로지를 이용한 '소
통 자본주의'가 공통된 앎을 캐내고 사유화하는 방식을 지적
한다. 가령 전 세계적 소통의 창구인 구글의 유튜브나 페이스
북이 개인의 연결정보를 자본에 넘기는 방식, 카카오가 개인
정보를 활용하여 새로운 플랫폼 사업을 진행하는 경우 등을
예로 들 수 있다. 조디 딘은 자본주의 소통과 단절하기 위해
공산주의적 욕망의 필요성을 주장한다. "공산주의적 욕망이
가리키는 것은 정치에 필수적인 간극의 주체화, 곧 인민 내부
에 있는 분할의 주체화"이며, 이때의 주체화는 "우리의 욕망
이자 우리를 위한 우리의 집합적 욕망"(Dean, 2019: 187~
188)이다. '민주적 공산주의'는 이런 맥락에서의 공산주의적
욕망에 기초한 이념이다. 구성원 각자의 욕망에 충실하면서,
'우리'라는 공동체의 공통된 욕망을 위한 준칙이 바로 민주적
공산주의이다.

또한 민주적 공산주의는 〈붉은 별〉에서 레니와 화성인들이
공유한 사회주의의 모습이기도 하다. 그들은 '사랑'이라는 이
름으로 집합적 공동체를 이루어 기존의 위계화된 사회에 대응

했다. 〈잔상〉의 민주적 공산주의의 원리가 공유된 것이다.

　〈붉은 별〉과 〈잔상〉의 공통된 문제의식, 다시 말해 '민주적 공산주의'는 포스트 휴먼이 만들어야 할 새로운 사회의 구조를 상징한다. 이는 두 가지 방법으로 구체화된다. 첫째, 민주적 공산주의는 자본주의 문명사회의 익숙한 법과 문화로부터 거리를 두며, 인간의 욕망에 충실한 새로운 제도의 구축을 촉구한다. 자본을 위한 인간, 자연을 지배하는 인간 삶의 형식인 법과 문화는《에레혼》이 보여 준 것처럼, 사회를 보호하기 위해 생산성이 없는 인간을 사회 바깥으로 배제시켜 버린다. 〈잔상〉의 장애인들이 사회 바깥으로 배제되는 대표적인 비인간이다. 둘째, 민주적 공산주의는 변화를 위한 개별 주체의 네트워킹을 추진한다. 다시 말해 '자본'을 매개로 한 자본주의 사회의 네트워크와 결별하고, 타인과 연결되는 새로운 방법을 창안한다. 그 결과물이 바로 켈러 공동체이다.

신체의 기계화

근대 인간의 신체는 삶과 정치의 경계에서 진동했다. 개인의 삶이 정치와 연결된다는 점을 모르지는 않았지만, 보통의 경우 삶의 문제는 경제 문제로 직결되었다. 먹고살기 위해 노동하고 좀더 나은 삶을 위해 돈에 대한 욕망을 증폭시킨 존재가 바로 근대 인간의 모습이다. 하지만 동시에 근대 인간은 정치적 자유에 대한 욕망을 품기도 했다. 권력에 대한 의지와 혁명에 대한 시각 차이가 진보와 보수를 구분하는 기준이 되었고, 누군가는 자기의 신체를 희생해서 자유를 위한 운동에 투신했다. 1960~70년대 민주주의를 위해서 자기의 삶을 내던진 수많은 사람들을 떠올리면 근대 인간은 삶과 정치를 선택적 문제로 인식했음을 짐작할 수 있다.

때로는 삶과 정치의 불일치가 근대 인간의 정치적 열정을 만들기도 했다. 근대사회에서 우리는 민족과 직업, 가족 단위로 통합되어 자기의 정체성을 형성했다. 가령 1970년대에는 한 직장에서 30년간 근무하며 산업역군으로서 국가에 기여하고, 가장으로서 가족부양의 책임을 다할 수 있었다. 이는 개인의 삶이 일상으로 통합되며 정치와 분리되는 순간이다. 그렇지만 이러한 삶의 통합 과정에서 "산업노동자들은 그들이 인간성, 삶, 시간, 차이를 박탈당했다는 점에서 평등하다는 것을 안다"(Berardi, 2016: 161). 공통적으로 소외되었다는 의식이 그들을 연대하게 만들어 노동자 주체라는 정치적 주체로 탈바꿈시킬 수 있다. 이렇게 본다면 근대 인간은 삶과 정치의 영역에서, 혹은 삶과 정치의 경계에서 승화한 존재로 설명할 수 있다.

하지만 포스트 휴먼의 신체에는 삶과 정치의 영역이 통합되어 있다. 과거에는 삶(사적 영역)과 정치(공적 영역)의 분리가 가능했다면, 이제는 그러한 이분법이 성립하지 않는 사회가 된 것이다. 나의 신체가 느끼는 감정과 욕망은 사적인 것인 동시에 공적인 것이다. 2000년대 이후 서비스업의 비중이 제조업을 넘어서고, 4차 산업혁명이 시작된 현재에 삶은 기계의 지배를 받는다. 물론 과거에도 인간의 일상을 기계로 제어하는 경우가 없지 않았지만, 19세기 "발명가들과 산업가들은 기계를 공장과 시장에서 사용하는 수단이라고만 생각했지 인간 삶의 다른 영역에 적용할 수 있다고는 생각하지 못했다"(Mumford, 2017: 447).

그렇지만 지금 기계는 인간 삶의 방식을 결정해 버렸다. 우리는 핫플레이스에 가면 가장 먼저 사진을 찍어 SNS에 올리고, 친구의 사진에 '좋아요'를 누르기도 한다. SNS에 실시간으로 노출되는 광고는 마치 공기를 마시듯 우리의 삶에 자연스럽게 흡수되어 소비를 이끌어 낸다. 스마트폰으로 인한 일상의 변화, 무인기계로 인해 주문하기 위해 줄을 서지 않는 패스트푸드점의 변화 등을 생각해 보라. 일상은 기계의 빠른 속도만큼이나 급변하고 있다. 우리는 자신의 의사와 상관없이 이런 변화에 적응해야 한다. 영화 〈나, 다니엘 블레이크〉(2016)에서 인터넷에 익숙하지 못해 실업급여를 신청하기 어려웠던 다니엘처럼, 변화하는 환경에 적응하지 못하면 지속가능한 삶은 어려워질 수 있다. 기계는 나의 삶과 문화의 양식을 변화시키고, 결정적으로 자본이 증식되는 방법을 뒤바꾸며 정치의식까지 포박시켰다.

이러한 과정 속에서 인간의 신체는 자본과 기술의 명령에 따르는 기계가 되었다. 이는 곧 몸과 마음의 불일치, 혹은 자동화된 시스템으로서 신체라는 의미가 자리 잡게 되었음을 뜻한다. 클릭 하나로 쉽게 바뀌는 컴퓨터 화면처럼 우리는 쉬지 않고 변화할 것을 요구받는다. 노동유연화정책 속에서 공무원 시험에 다수 청년이 몰리는 현실은 '평생직장'은 없다는 말

<그림 5-1>
영화 〈나, 다니엘 블레이크〉

을 증명한다. 테크놀로지의 발달로 인한 일상의 빠른 변화는
노동유연화와 같은 정책을 변호하는 논리가 된다. 이 속에서
마음은 현실을 부정하지만 몸이 따르지 못하는 상황이 발생한
다. 회사의 불합리한 처우에 분노하면서도 아침이면 회사로
출근할 수밖에 없는 사람, 부동산 투기에 비판적 생각을 가지
고 있지만, 안 하면 나만 바보가 되는 분위기에 투기판에 끼
어드는 사람 등 수많은 사례를 찾을 수 있다. 같은 직장에 근
무하지만 정규직과 비정규직으로 구분되는 상황에서 ‘공통의
소외의식’은 찾기 어려워졌다. 근대 인간의 정치의식은 추억

속 어휘가 되어 버린 것이다. 이런 우리의 신체를 전환시킬 수 있는 가능성이 바로 켈러 공동체의 소통 방식에 잠재되어 있다.

접촉하는 삶의 의미

켈러 사람들은 타인의 몸을 만지며 그 사람을 느낀다. 옷을 입지 않고 서로의 신체를 만지고 타인 앞에서 아무렇지 않게 섹스를 한다. 그들은 인식과 판단의 과정을 거치지 않고 그저 느낄 뿐이다. 그들에게 "'대화'는 신체의 모든 부분을 교환하는 복잡한 과정을 의미했다"(〈잔상〉, 173). 그래서 그들에게 사랑과 섹스는 문명사회와 전혀 다른 의미를 갖는다. 주인공은 켈러 사람들이 접촉하는 풍경을 보고 다음과 같이 말한다.

나는 그곳에서의 동성애에 관해서도 지금껏 이야기하지 않았다. 나와 가장 깊은 관계를 맺은 두 여자가 누구인지는 이미 눈치챘을 것이다. 핑크와 '흉터'였다. 하지만 남자에 관해서는 전혀 이야기하지 않았다. 그 이유는 단순하다. 적절히 표현할 방법이 없었기 때문이다. 나는 남자와 여자 모두 동등하게 똑같은 언어로 대화를 나눴다. 그리고 남자들과 사랑을 나누면서 나 스스로도 놀랄 만큼 혼란을 겪지 않았다. (중략) 나는 켈러의 사람들이 양성애자라고 생각하지 않는다. 그들은 그 단어보다 훨씬 깊은 관계를 서로 맺고 있었고, 동성애를 금기로 여기고 죄악시하지도 않았다. 동성애를 성애와 구별하게 되면 사람은 자신과 같은 인류의 절반과의 소통 — 즉 온전한 소통 — 을 차단하게 된다는 것이다(〈잔상〉, 196).

인용문은 언어와 삶, 그리고 소통 방법에 대한 통찰을 보여준다. 우리는 '동성애', '이성애'라는 언어로 삶을 규정하고, 특정 언어체계의 삶이 옳다고 판단한다. 만약 '동성애'와 '이성애'라는 언어가 없다면 어떨까? 당연히 특정한 사랑을 배제하는 일은 생기지 않고, 인간이 인간을 사랑한다는 의미만 남는다. 물론 켈러 공동체는 보이지도 들리지도 않기 때문에 이런 일이 가능했다고 생각할 수 있다. 하지만 그들은 촉각이 살아 있어서, 상대가 여성인지 남성인지는 판단할 수 있다. 켈러 사람들에게는 상대의 성이 아니라 인간이라는 공통성 아래 교감한다는 의미가 훨씬 더 중요했기 때문에, 타인과 스스럼없이 사랑을 나눌 수 있었던 것이다.

인류 모두와 소통한다는 의미는 인간과 비인간의 구분이 사라진다는 것을 의미한다. 김도현은 근대사회가 성적 구별, 장애, 섹스 등과 같은 사회문화적 차원에서 차별 기제를 만들었음을 지적한다. 특히 20세기 전반에 '적자생존'이라는 진화론적 관점에서 경쟁과 도태의 논리가 사회에 투사되었으며, 이 과정에서 장애나 동성애를 가진 사람은 사회에서 배제되었다. 자본주의 체제에서 생산성을 발휘하지 못하는 이들을 사회에서 추방시키는 것이 효율적이라 판단한 것이다(김도현, 2019). 퀠러 공동체의 접촉하는 삶이란 바로 이런 근대의 논리를 극복했다는 의미가 있다. 다시 말해 퀠러 공동체는 삶의 규율원칙을 '배제의 논리'에서 '소통의 논리'로 전환시켰다.

감각의 혁명

배제의 논리란 자본주의 시대의 문법이다. 신자유주의 체제가 가족과 개인까지 투자와 생산을 관리하는 기업으로 만든다는 명제는 더 이상 낯설지 않다. 더 많은 이윤을 얻기 위해 가족 법인을 만들어서 부동산을 사들이거나, 자기의 신용을 활용한 투자전략을 세우는 개인처럼, 우리는 자본에 대한 욕망을 충족시키기 위해 치밀한 전략을 세운다. 이럴 때 타자라는 존재는 비교·경쟁의 대상이지 소통의 대상이 되기 어렵다. 이 속에서 누군가는 비인간으로 전락하고 투자하는 주체들도 지쳐간다. 소설 속 주인공의 삶도 이와 비슷했다.

> 아무런 의미 없는 서류작업만 반복하던 그 직업은 국민총생산 통계에 포함되는 일 외에는 아무짝에도 쓸모가 없었다. (중략) 여자들이랑 하룻밤 잠자리나 하고, 술이 떡이 되도록 마시고, 9시에서 5시까지 기계처럼 일하고, 시카고 교통공사 차량에 몸을 싣고, 어두운 영화관에 들락거리고, 텔레비전에서 미식축구를 보고, 수면제를 먹고, 창문이 열리지 않아 스모그를 들이마시거나 밖으로 뛰어내리지도 못했던 존 핸콕 타워에 갇혀 살던 사람의 인생, 그게 바로 나였다(〈잔상〉, 192).

주인공은 "국민총생산 통계"에 포함된다는 의미밖에 없는 일을 기계적으로 하고 살아왔다. 국가의 생산력을 대외적으로 증명하기 위한 숫자에 불과한, 그저 대도시에서 소비하는 삶을 살기 위한 일을 반복적으로 하며 살아왔다. 주인공의 삶은 기술 발달의 차이만 있을 뿐, 근본적으로 현재 우리의 모습과 일치한다. 우리는 핸드폰, 노트북과 같은 기계에 연결되어 언제든 타인과 소통할 수 있지만 그럴수록 피곤해지는 몸, 무엇을 언제 어떻게 소비하는지 자료화된 데이터^{data}의 총량으로 존재하는 신체의 소유자이다. 한마디로 우리의 몸은 과학기술에 의해 미분화되어 소비되는 대상이거나 소비를 위해 일하는 육체에 불과하다.

그래서 주인공은 켈러의 삶에 상당한 매력을 느끼고 적응하기 위해 열심히 노력했다. 그가 켈러의 삶에 매력을 느낀 이유는 온전히 자기의 신체를 소유하고 삶을 살 수 있기 때문이다. 다시 말해 몸과 의식이 일치하는 순간에 느낄 수 있는 희열이 주인공을 매료시켰다.

이 기쁨의 순간은 대도시에서 은행에 저당 잡힌 미래의 시간을 온전히 나의 시간으로 가져오는 주체화의 계기이기도 하다. 신자유주의 시대에 '부채'는 개인의 주체성과 시간을 자본화하는 대표적인 통치기술이다. '빚도 자산'이 된 시대에 대출을 하지 않고 살아가는 사람은 없다. 그렇지만 대출을 하는 순간 우리는 빚을 청산하기 위해 삶의 운영 방식을 재구성해야만 한다. 학업을 위해 학자금 대출을 받은 학생이 경제적 사고를 하지 않고 자기의 개별성을 발휘하기란 불가능에 가까운 일이다. 대도시에서 탈출한 주인공이 켈러 공동체의 삶에서 매력을 느낀 결정적 이유는 바로 여기에 있다.

켈러 공동체로의 회귀

하지만 오랜 시간 익숙해진 습관을 바꾸기 쉽지 않은 것처럼, 주인공이 켈러 공동체에서 살아가는 시간은 순탄하지 않았다. 주인공은 장애를 가지고 있는 켈러 1세대와 정상인으로 태어난 2세대의 차이에 주목했다. 주인공은 "그들이 서로를 매우 사랑한다는 건 의심의 여지가 없었지만, 자녀들이 자신이 가진 재능과 감각을 사용하지 못하면서 어떻게 분노하지 않을 수 있겠는가?"(〈잔상〉, 180)라며, 정상인이 가질 법한 감정을 읽어 낸다. 정상인인 주인공은 장애의 한계와 불편함에 무감각할 수 없었다.

또 주인공은 켈러 공동체에서 점점 발가벗겨지는 기분을 느낀다. 켈러 공동체에서는 각자의 특이성이 중심이 되기 때문에 누구에게도 똑같이 호명되는 이름이 없다. 대신에 그들은 개별적인 관계에 따라 이름이 매번 바뀐다. 한 사람의 이름이 115개나 되는 이유이다. 자기 내면이 타인에게 드러나는 것을 두려워하지 않고 각각의 관계를 중시한 까닭이다. 하지만 바로 이런 이유 때문에 주인공은 낙담한다. 사회적 가면이 익숙한 주인공에겐 누구에게나 자기의 깊은 곳을 드러내는 켈러의 소통 방식이 부담이 되었기 때문이다. 마침내 주인공은 "나의 모든 결정에도 불구하고 켈러 사람들이 모두 나를 사랑하고 있다는 사실만으로는 그곳에 있을 수 없다고 생각하게 되었다. 나는 내 내면의 자아를 옷장 안에 구겨 넣고 썩어 가게 내버려 두고 싶었다"(〈잔상〉, 202)라고 생각하게 된다. 그리고 외부사회의 불황이 끝났다는 소식을 접하자, 주인공은 켈러 공동체를 떠난다. 다시 돌아간 사회에서 주인공은 다음과 같은 삶을 살았다.

나는 부자가 되지 못했지만, 대체로 편안한 마음으로 시간을 보냈다. 나는 일종의 사회적 질병에 걸린 상태였다. 그 질병의 증상은 자신이 몸담은 사회가 고름을 터트리며, 방사능 벌레들이 그 두뇌를 먹어 치우고 있는 모습을 아무렇지도 않게 외면할 수 있는 능력을 갖추는 것이었다. 나는 기관총 포탑이 보이지 않는 마린 카운티에 훌륭한 아파트를 소유하고 있었다. 그리고 그곳이 번창하기 시작할 때 차도 한 대 마련했었다(〈잔상〉, 209).

　인용문에서 주인공이 걸린 "사회적 질병"이란 자본증식이라는 목적에 맞춘 삶에 빠져 버렸다는 의미이다. 사회의 올바르지 못한 현상을 외면할 수 있는 능력이란 부도덕에 침묵하는 사람이 되었음을 뜻한다. 켈러 공동체에서 사회적 질병을 극복하고 새로운 삶을 꿈꾸었던 그는, 다시 도시로 돌아가자 "사람들은 모두 어느 정도 타협을 하며 살아"(〈잔상〉, 209) 간다며 스스로를 합리화해 버렸다. 하지만 주인공은 시간이 지날수록 자신과 긴밀한 관계를 유지했던 켈러 공동체의 2세대인 핑크에 대한 생각을 떨쳐 버릴 수가 없었다. 그렇게 2000년이 되자 주인공은 핑크를 찾아간다. 그녀는 보이지도 들리지도 않는 사람이 되었으며, 그들의 부모 세대는 모두 어딘가로 떠나 버렸다. 그리고 그녀가 주인공의 눈과 귀를 쓰다듬자, 주인공에게도 소리와 빛이 사라져 버린다. 마침내 켈러 공동체로 도약한 것이다.

〈잔상〉에서 주인공이 켈러 공동체로 다시 회귀한 이유는 명확하지 않다. 다시 복귀한 도시에 타협하며 적응하던 주인공이 여전히 핑크를 잊지 못해서, 그녀와 자신 사이의 커다란 심연을 도약한다는 결론으로 이어지기 때문이다. 핑크를 잊지 못한다는 추상적 설명은 주인공의 행동에 어떤 비약이 있다는 것을 암시한다.

대도시의 삶에서 켈러 공동체의 삶을 선택한 주인공은 도약한 것인가? 아니면 작가의 비약에 불과한 것인가? 말장난을 하려는 것이 아니다. '도약'과 '비약'의 차이는 매우 크다. 우리는 그간 대도시 삶의 문법에서 벗어나는 것은 비약이라고 생각했다. 중심에서 멀어지는 부정적인 것으로 인식한 것이다. 이를 도약으로 바라볼 수 있으려면 판단의 기준이 바뀌어야 한다.

숫자 계산에 따른 합리성의 시각으로 볼 때 주인공의 선택은 비합리적인 것이 분명하다. 주인공이 도약한 켈러 공동체의 세계가 유토피아인지 디스토피아인지 판단하는 것은 각자의 몫이라고 할 수 있지만, 켈러 공동체에서 정상인인 주인공과 핑크가 어떤 감정을 공유하며 함께 저 너머의 세계로 들어갔다는 사실이 지금 우리에게 무엇을 생각하게 만드는지는 따져 볼 필요가 있다. 《에레혼》에서는 많은 돈을 소유하기 위해 저 너머의 세계를 동경했다면, 주인공과 핑크가 손을 잡고 도약한 저 너머의 세계란 그와는 정반대의 가치가 존재하는 곳이다. 그 세계는 에레혼 마을의 역설이 해소된 공간, 〈붉은 별〉의 사랑이 흐르는 공간, 《완전사회》의 '타성'이 존재하지 않는 공간이라고 설명할 수 있다.

과학 바깥의 소통

새천년이 시작된 지도 20년이 지났다. 그간 과학의 힘은 더욱 강력해져서, 이제 과학은 생활이 되었다. 일하고 밥 먹고 잠을 자는 공간, 일상의 거의 모든 장소에 과학기술이 스며들었다. 생명조차 자본화하는 포스트 자본주의의 위력은 죽음과 생의 경계를 다시 사유하게 한다. 고유한 생기가 스며들어 있어야 할 생명은 자본에 의해 겁탈당해 빛을 상실한 지 오래되었다. 미시정치는 친밀성의 세계도 상품으로 만들었다. 살아 있지만, 살아 있지 않은 '좀비'와 같은 사람들이 늘어나고 있다. [2]

　이런 시각에서 보자면 퀠러 공동체는 과학 바깥의 세계이다. 우리의 상상 속에서만 존재하는 유토피아 혹은 디스토피아로 여길 수 있다. 정상인의 시각에서 켈러 공동체는 과학 바깥의 디스토피아다. 〈잔상〉의 주인공도 문명사회의 합리성의 원칙에 따라 판단하고 켈러 공동체를 떠났었다. 하지만 지금 우리에게 익숙한 과학으로 판단기준을 세워서는 결코 바뀌는 것은 없다.

기존의 과학으로 설명할 수 없는 세계는 인간의 상식에 질문을 던지고, 이를 넘어서는 과정에서 현실이 된다. 새로운 과학(자)은 실험실의 세계와 단절하고 인간 주체의 본래적 욕망을 직시하고 직조하는 일부터 떠맡아야 한다. 자기의 힘과 투지를 고취하는 방식에서 사회주의 유토피아의 가능성을 찾고자 했던 바우만의 논의를 참고한다면, 〈잔상〉이 내세운 '민주적 공산주의'는 허황된 상상만은 아니다. 장애인으로 태어난 존재들이 자기의 힘을 이용해 자본주의 세계의 패턴을 벗어나고자 했던 노력, 특히 자신들의 공동체를 만들면서 개별 존재의 힘과 연결을 중시했다는 사실을 기억하자. 우리의 땀과 감정 상태까지 데이터화하는 과학이 아니라 분노, 슬픔,

---

2 크리스 하먼은 이러한 현실을 '좀비 자본주의'로 정의한다(Harman, 2012).

부끄러움과 같은 감정을 공유하여 사회로 발산하게 할 수 있는 과학의 힘이 절실하다.

결국 포스트 휴먼 되기는 자기의 욕망을 직시하는 일로부터 시작된다. 신자유주의 시대에 욕망은 주체의 행동을 결정한다. 집값이 급등하자 패닉바잉panic buying하는 사람들의 모습에서 감정(공포)이 앞서고 사고와 행동이 뒤따르는 패턴을 읽어 낼 수 있다. 이러한 관습으로부터 벗어나기 위해서는 〈잔상〉의 '몸을 통한 소통'에 주목해야 한다. 이 소통은 개인의 욕망을 연결하며, 인간과 비인간(기계, 여성, 장애인 등)의 공동체를 추구한다. 이미 우리 주변에서 다양한 방식으로 이런 움직임이 이루어지고 있다. 내 관심분야에서 이루어지고 있는 새로운 소통의 물길에 합류하거나, 아니면 그 흐름을 만드는 일부터 시작할 수 있다. 이것이 포스트 휴먼 되기의 방법이자, 코로나19 이후 우리 삶의 새로운 조직론이 되어야 한다.

참고문헌

1. 기본자료

문윤성(2018), 《완전사회》, 아작.

Bogdanov, A. (2016), 《붉은 별: 어떤 유토피아》, 김수연 역, 아고라.
Butler, S. (2018), 《에레혼》, 한은경 역, 김영사.
Varley, J. (2015), 《잔상》, 안태민 역, 불새.

2. 논문 및 단행본

강내희(2014), 《신자유주의 금융화와 문화정치경제》, 문화과학사.
고부응(2018), 《대학의 기업화》, 한울.
권명아(2013), 《음란과 혁명》, 책세상.
_____(2019), 《여자떼 공포, 젠더 어펙터》, 갈무리.
권보드래 외(2018), 《문학을 부수는 문학들》, 민음사.
김덕영(2019), 《에리식톤 콤플렉스》, 길.
김도현(2019), 《장애학의 도전》, 오월의봄.
김미정(2019), 《움직이는 별자리》, 갈무리.
김상욱(2016), 《김상욱의 과학공부》, 동아시아.
김태호 외(2018), 《'과학대통령 박정희' 신화를 넘어》, 역사비평사.
김현주(2008), "'노동(자)', 그 해석과 배치의 역사", 〈상허학보〉, 22.

노명우 외(2015), 《팽목항에서 불어오는 바람》, 현실문화.

박노자(2017), 《러시아 혁명사 강의》, 나무연필.

박헌호(2008), "'계급' 개념의 근대 지식적 역학", 〈상허학보〉, 22.

복도훈(2011), "단 한명의 남자와 모든 여자", 〈한국근대문학연구〉, 24.

서보명(2011), 《대학의 몰락》, 동연.

〈서울신문〉(2020. 5. 7.), "대기 질 개선은 잠깐 … '중국, 코로나19 이후
　　　환경규제 완화 우려'".

〈MBN골드〉(2020. 6. 10.), "제조업 비중 높은 국가, 코로나 충격에 훨
　　　씬 강했다".

〈연합뉴스〉(2019. 6. 6.), "P2P공유경제 3년 새 10배로 성장 … 공유숙박
　　　비중 90%".

오준호(2015), 《세월호를 기록하다》, 미지북스.

오찬호(2015), 《진격의 대학교》, 문학동네.

이　숙(2012), "문윤성 《완전사회》(1967) 연구: 과학소설로서의 면모와
　　　지배이데올로기 투영 양상을 중심으로", 〈국어문학〉, 52.

임태훈 외(2017), 《한국 테크노컬처 연대기》, 알마.

전치형(2019), 《사람의 자리 과학의 마음에 닿다》, 이음.

전치형 외(2019), 《기계비평들》, 워크룸프레스.

정남영(2019), "유토피아적 열망과 새로운 삶의 창출", 〈안과밖〉, 46.

조귀동(2020), 《세습 중산층 사회》, 생각의힘.

조세희(1983), 《시간여행》, 문학과지성사.

_____(2017), 《난장이가 쏘아 올린 작은 공》, 이성과힘.

조영태(2016), 《정해진 미래》, 북스톤.

지주형(2011), 《한국 신자유주의의 기원과 형성》, 책세상.

최병구(2019), "1970년대 호모 이코노미쿠스의 탄생과 과학기술의 문제",
　　　〈한민족어문학〉, 86.

_____(2020), "'포스트 휴먼'의 세 가지 조건: 테크놀로지 · 젠더 · 정

동", 〈한민족어문학〉, 89.

최재붕(2019), 《포노사피엔스》, 쌤앤파커스.

최진석(2017a), "문화와 혁명, 또는 마음의 정치학: 보그다노프와 프롤
레타리아 문화의 (불)가능성 논쟁", 〈슬라브연구〉, 33.

_____(2017b), "혁명, 혹은 배반의 유토피아: 보그다노프의 《붉은 별》
에 나타난 정치적 무의식", 〈인문논총〉, 74.

_____(2019), 《감응의 정치학》, 그린비.

허 윤(2018), "남자가 없다고 상상해 봐: 1960년대 초남성적 사회의 거
울로서 《완전사회》", 〈민족문학사연구〉, 67.

한국고용정보원(2019), 〈고용동향브리프〉, 2019 vol. 2.

廣井良典(2017), 《포스트 자본주의》, 박제이 역, AK커뮤니케이션즈.

Bauman, Z. (2016), 《사회주의, 생동하는 유토피아》, 윤태준 역, 오월
의봄.

Bauwens, M. , & Kostakis, V. (2018), 《네트워크 사회와 협력 경제를
위한 미래 시나리오》, 윤자형 · 황규환 역, 갈무리.

Berardi, F. B. (2012), 《노동하는 영혼》, 서창현 역, 갈무리.

_____(2016), 《죽음의 스펙터클》, 송섬별 역, 반비.

Bosteels, B. (2014), 《공산주의의 현실성》, 염인수 역, 갈무리.

Braidotti, R. (2017), 《포스트 휴먼》, 이경란 역, 아카넷.

Carr, E. H. (2017), 《러시아 혁명》, 유강은 역, 이데아.

Carr, N. (2011), 《생각하지 않는 사람들》, 최지향 역, 청림출판.

Dean, J. (2019), 《공산주의의 지평》, 염인수 역, 현실문화.

Donoghue, F. (2014), 《최후의 교수들》, 차익종 역, 일월서각.

Dunlop, T. (2018), 《노동 없는 미래》, 엄성수 역, 비즈니스맵.

Emcke, C. (2017), 《혐오사회》, 정지인 역, 다산초당.

Ewen, S. (1998), 《광고와 대중소비문화》, 최현철 역, 나남.

Foster, J. B. (2016), 《마르크스의 생태학》, 김민정·황정규 역, 인간 사랑.

Fraser, N., Arruzza, C., & Bhattacharya, T. (2020), 《99% 페미니 즘 선언》, 박지니 역, 움직씨.

Harman, C. (2012), 《좀비 자본주의》, 이정구·최용찬 역, 책갈피.

Hayles, N. K. (2013), 《우리는 어떻게 포스트 휴먼이 되었는가》, 허진 역, 플래닛.

Latouche, S. (2014), 《낭비 사회를 넘어서》, 정기헌 역, 민음사.

Marazzi, C. (2014), 《자본과 정동》, 서창현 역, 갈무리.

Marx, K. H. (2016), 《정치경제학 비판 요강 1》, 김호균 역, 그린비.

Mason, P. (2017), 《포스트 자본주의: 새로운 시작》, 안진이 역, 더퀘 스트.

Massumi, B. (2018), 《정동정치》, 조성훈 역, 갈무리.

Meillassoux, Q. (2017), 《형이상학과 과학 밖 소설》, 엄태연 역, 이학사.

Mies, M. (2014), 《가부장제와 자본주의》, 최재인 역, 갈무리.

Mumford, L. (2017), 《기술과 문명》, 문종만 역, 책세상.

Negri, A., & Hardt, M. (2014), 《공통체》, 정남영·윤영광 역, 사월 의책.

Stern, A., & Kravitz, L. (2019), 《노동의 미래와 기본소득》, 박영준 역, 갈마바람.

Vint, S. (2019), 《에스에프 에스프리: SF를 읽을 때 우리가 생각할 것 들》, 전행선 역, arte.